「自粛」と「緊縮」で
日本は自滅する

菅総理への直言

藤井 聡
Satoshi Fujii

ビジネス社

はじめに
～なぜ、「自粛」と「緊縮」で日本は自滅するのか？～

感染症において「自粛」は必要です。

でもだからといって、とにかく常に自粛してりゃいい、というわけではありません。

過ぎたるは及ばざるが如し、自粛「不足」が国民の命を大量に奪い去ることがあり得ると同時に、「過剰」な自粛が同じく国民の命を大量に奪い去ることがあり得るのです。

自粛「不足」で人が大量に死ぬというのは、例えば、イタリアとスペインのサッカーチームが欧州チャンピオンリーグの決勝戦で激突し、試合後に一晩中大騒ぎし、一気に感染が爆発したというのが、その典型例。彼らはサッカーを重視し、コロナをなめたが故に自粛「不足」に陥り、それが両国における五万人、六万人という感染死につながったと解釈することもできるわけです。

だから、自粛が全く不要だというわけではないのですが――だからといって、自粛の**「やり過ぎ」**なるものがあるのも事実。

例えば仮に皆が「十割自粛」をやれば、医療も食糧もすべてストップし、人々はコロナで死ぬか餓死するかになってしまうでしょう。だから、「人が生きていくため」には、ある程度社会経済が回っていないといけないわけで、それを越える自粛をさせるのは**「過剰自粛」**だということになります。

だから問題はどのあたりが「適切」な自粛レベルであり、そして現状の自粛のレベルが「過剰」なのか「過小」なのかという判断だということになるのですが——今の日本には、**「過剰」な自粛が横行**してしまい、それによって日本の社会と経済が深く傷付いてしまったと考えざるを得ない状況にあります。

本年令和二年の四月、五月の新型コロナ感染症の拡大と収束のデータを見る限り、四月七日に始められた「八割自粛」要請は、その収束に必要であったとは到底言えないものであったことが今、**明らか**になっています。なぜなら、その要請は感染ピークの一週間以上「後」に発出されたものだったからです。

また、各国のデータを眺めてみても、自粛を激しく行った国の感染被害は少なく、自粛をしなかった国の感染被害が大きいのかというと、必ずしもそうではなく、**自粛の効果は明確ではありません。**つまり、**理論的に考えれば「自粛」の感染抑止効果がないはずはない**のですが、それでもなお、**自粛「以外」の要因の効果の方が大きく、自粛すればそれで**

感染は抑えられる、というわけでは決してないようなのです。

ただし、**「自粛」すればするほど、経済が冷え込むことは確実です。**

実際、**経済の冷え込みデータと自粛の程度のデータとの間には明確な関係があります。**具体的に言いますと、**国民の移動量を一割削減すると、実質GDPは年率で約七%程度**は下落してしまうという結果が、当方の手元の統計データから示されています（例えば日本は四割国民移動量を自粛したので、ちょうど約二八%、年率で実質GDPが下落しています）。

つまり、**「自粛」というものは、その感染症抑制効果はマクロデータでは明確ではないのですが、経済に対しては確実かつ強力に破壊する力を持っている**のです。

こうした諸点を考えれば、日本の自粛が、少々**「やり過ぎ」**だったと言わざるを得ないのです。少なくともあの「八割自粛」も、今から思えば、感染収束のために必要なものではなかったと考えざるを得ないのです。

それ以外にも「二メートルの社会的距離／ソーシャルディスタンス」を開けるべしと政府は指導しており、それによって、映画館や劇場は多くの客を入れることができず、経営継続が不可能な状況に追い込まれていますが、マスクをしたり黙ってさえいれば、社会的距離などなくても感染リスクはほぼゼロになります。したがって、この二メートルの社会的距離の規制もまた、（密接するという行為についての）**「過剰自粛」**と言わざるを得ないものなのです。

こうした「過剰自粛」が日本に横行するその根本的な原因は、「コロナは怖いもので、絶対に感染拡大させてはならないものだ」という認識、ならびに、「そう考えるべきだ」という**「タテマエ」が社会的に共有**されているからに他なりません。その結果、「自粛は善で、自粛しないのは悪」という**「空気」**が世間を覆い、人々はコロナが怖かろうが怖くなかろうが、**とにかく「自粛」せざるを得ない状況に陥っている**わけです。そしてその結果、「無駄な自粛」が横行し、傷付けなくてもよい経済が激しく傷付くことになっている、という次第です。

つまりまさに今、日本は「自粛」のやり過ぎによって自滅しかかっているわけです。

ただし――この過剰あるいは過激な自粛とそっくり同じ事態が、我が国で何十年と続き、それによって、我が国が自滅への道をまっしぐらに進んでいるという事態があります。

それは、**「緊縮」**です。

緊縮とは、政府の財政の態度のことを言う言葉ですが、一言で分かりやすく言えば「ケチ」であることを言います。

つまり、医療や防災、国防、技術開発など、政府はいろんなものにオカネを使っているのですが、「財政が厳しい、このままだと破綻《はたん》する！」と言いながら、そういうオカネを増やさないでどんどん搾《しぼ》っていく、という態度が「緊縮」です。

いわば、**緊縮とは政府支出についての「自粛」なのです。**

さらには、「財源が足らない！」と言って、消費税をどんどん増税するのも、同じく「緊縮」的な態度です。

つまり、「民から税をむしり取るだけむしり取って、民のためにあまり使わないようにする」という態度が「緊縮」なわけです。

もちろん、緊縮が常にダメだというわけではありません。政府がオカネを使い過ぎればオカネが市中に過剰に増え過ぎてしまい、好ましくないインフレになってしまいます。でも、だかといって、民からオカネを吸い上げるだけ吸い上げて、全然民に使わなければ、その国の経済は完全に疲弊し、国家が自滅に向かうこともまた明らかです。

事実、日本ではこの「緊縮」が、バブル崩壊で不況に陥った一九九〇年代以降、**「暴走」**しはじめたのです。そして日本経済は当然のように疲弊し続けていったのです。

消費税が五％に上げられ、八％に上げられ、一〇％に上げられましたが、そのたびに日本経済は激しく冷え込み、成長する力をどんどん失っていきました。その一方で、政府の支出もどんどん削られ、必要な政府の施策がほとんど進まない状況になってきています。

その結果、日本の疲弊、つまり「自滅」は加速し続けているのです。

じゃあ、なぜ、そんな緊縮が続けられてきたのかというと――「このままだと日本は借金が膨らんで破綻する～！」という恐怖心が拡大し、「緊縮が善、緊縮しないのが悪」と考えるべきだという「空気」が我が国を覆ってしまっているからです。つまり、「コロナについて自粛すべき！」という空気が蔓延《まんえん》しているのと、そっくりの状況がこの「緊縮」においても存在し続けているわけです。

すなわち、どちらも、次のような全く同じプロセスを経て「暴走」を始め、日本を自滅に導いているのです。

①コロナなり財政破綻なりが **「怖い」** という認識が共有され、

②その怖い事態を避けるために、自粛なり緊縮が必要だ、だから、自粛／緊縮が「善」であり、自粛なり緊縮なんて要らないという人間は不道徳だ、という「空気」が濃密になり、

③ますます人々は、自粛／緊縮をせざるを得なくなっていく――

④その結果、**自粛／緊縮が「暴走」**を始め、その水準が適切なレベルを遥かに超えて「過剰」なものとなり、

⑤その必然的な帰結として、**日本全体が自滅に向かっていく**ことになる。

自粛と緊縮が同じプロセスにはまり込んでしまうのは、それはもちろん、自粛も緊縮も、対象が「日常活動」なのか「政府支出」なのかはさておき、感染爆発や経済破綻等の「恐ろしい事態」を避けるために、その行動を「抑止」させようとする、という構図を完全に共有しているからです。

いずれにせよ、このプロセスにはまり込んでしまった人々を救い出すのは至難の業です。なんと言っても、彼らは、感染爆発や破綻に対して恐怖を抱き、自粛や緊縮が絶対必要だと思い込んでおり、その弊害など目に入らなくなってしまっているのです。そして、彼らに反対する人々をとにかく「不道徳だ！」とレッテル張りし、完全に無視したり、あるいは逆に執拗《しつよう》に攻撃し続けてしまう心理状況に陥ってしまうのです。

でもだからといって、この自粛や緊縮の暴走を放置しておいてよいわけはありません。これを放置すれば、日本が自滅することは確実だからです。だから、「自粛」や「緊縮」の水準を、過小にならないように、もちろん十二分に注意しながら適切なレベルに社会的に「押し戻して」いくことが必要なのです。

それこそが「政治」と呼ばれるものに今、最も強く求められていることなのです。

折りしも今、超長期政権を築き上げた安倍総理が辞任することになりました。

本書が出版される頃には、日本の未来を託す新しい総理が決定しているところと思われますが、それがどなたであれその新総理が**「自粛／緊縮の社会的政治的暴走」**に果敢に挑み、その水準を適正化するための政治を全面的に展開されんことを心から祈念したいと思います。

そして、本書読者の皆様にはぜひとも、それぞれのお立場で、そういう政治の流れを促す世論形成にご協力いただけますと、大変にありがたく存じます。

何卒《なにとぞ》、よろしくお願い申し上げます。

令和二年八月三十日　総理辞任会見の翌日

京都紫野の自宅にて

（追記1：なお、本稿とりまとめ直後に、菅義偉内閣総理大臣が誕生することとなりました。菅総理は当方の内閣官房参与時代の直属の上司であり、6年間内閣運営で共に働いた間柄です。ついては本書を菅義秀新総理への直言として出版いたしたいと思います）

（追記2：なお本書は、コロナ禍が始まった令和二年三月頃から今日に至るまで、コロナ禍による総合的な公益毀損《きそん》を可能な限り減ずるのを企図して『表現者クライテリオン』誌や各種メールマガジン等で配信してきた各種論説を基本としてとりまとめたものである）

はじめに …… 2

第1章 日本は激しく没落していく

第2章 「過剰自粛」こそコロナ禍の正体である

第3章 社会全体がおかしくないか？ ～自粛警察という狂気～

第4章 緊縮財政が人を殺す

第5章 日本人よ、「コロナ」がそんなに怖いのか

第6章

政策提言：国民被害を最小化する「コロナ対策」

京都大学レジリエンス実践ユニットの提案 ………… 234

第1章 日本は激しく没落していく

「政府の無能」さが、ダイヤモンド・プリンセスを契機に外国にクッキリとバレ始めた

「日本国政府は、無能な政府である」——この認識は、特に現政権に限った話なのではなく、心ある批評家たちの間では、常識のように共有されているものでした。

この認識が批評家たちの間で決定的になったのはもちろん、小泉政権期からです。

とは言えもちろん、先の大戦で敗北を喫してからの戦後日本政府は、自主独立ができない中途半端な存在でした。しかしそれでも、どうにかこうにかアメリカに媚《こ》び続けることを避けようとする幾分の矜持《きょうじ》はありましたし、国民を守ろうとする義侠心《ぎきょうしん》の片鱗《へんりん》は残されていました。

しかし、小泉政権以降、すべての誇りを失ったかのようにアメリカに媚びまくり、強きをくじき弱きを助ける義侠心のすべてをうち捨て、弱肉強食の構造改革と緊縮財政を推進しまくったのです。

そして先の安倍内閣もまた明確にその延長線上にあったわけです。

例えば筆者が編集長を務める言論誌『表現者クライテリオン』は、先代の西部邁《にしべすすむ》編集長の時代から、小泉政権の改革・緊縮路線を徹底的に批判し続けました。そして、令和の御《み》

代《よ》に移ってからも、その延長線上にある安倍政権を「空虚」「ウソ」などのキーワードを活用しながら批判を重ねてまいりました。

こうした批判の根幹にあるのは、「政府とは、国家の頭脳であり、その有能さは、危機が訪れた時にこそ試される。しかし、今の政府はグローバル企業と財務省と世間の俗情に媚び続けるだけで、完全な思考停止状態に陥っている。したがって、このままの状態が続けば危機が起こった時に政府は何の対応もできない無能さをさらけ出し、我が国は朽ち果てていくほかない」という認識でした。

しかし、こうした我々の認識は、海外世論も含めた世間一般にはなかなか広がりませんでした。

なぜなら、過去二千五百年の歴史の蓄積があり、深い文化と科学技術力を誇ると同時に、ほんの十年前までは奇跡の復興によって世界第二位の経済大国の地位を獲得していたからです。

こんな豊かな国の政府が無能なはずがないだろう――これが、海外世論も含めた世間一般の基本認識だったのです。

しかし、有能だったのは、現代日本人ではありません。かつての日本人なのです。

そんな先人たちがさんざんに有形無形の投資を繰り返してこられたからこそ、我々現代人は豊かな国に生まれ落ちることができただけなのです。

そして、世界中の人たちは、そんな日本の文化的・経済的な豊かさに敬意を払い、日本人侮り難しと認識しました。そして、現代の日本人も、そんな世界的評判の上にあぐらをかき、特に何の努力もしないままに、今の日本の豊かさを、まるで「自分たち」の手柄のように思ってしまっていたのです。

しかし、そうした国内外の認識は単なる誤認に過ぎません。多くの心ある批評家たちが正確に見抜いていたように、今の日本人はかつての日本人から大きく異なった存在に堕落してしまっているのであり、そして、その中枢である現代日本政府こそ、その堕落を象徴する存在だったのです。

そしてこのたび、我が国日本を直撃した「消費増税」という人災と「コロナ」という天災のダブルショックによって、そうした国内外の政府に対する「誤解」「買い被《かぶ》り」が完全に打ち砕かれることとなったのです。

日本政府は、財政再建のために消費増税は不可欠なのだという正義を振りかざし、「責任ある政府」のポーズをとりながら、国民を貧困にたたき落とす不道徳極まりない消費増税を敢行しました。

ところが、我が国の大手新聞社たちは皆こうした政府の態度に批判を差し向けません。

そもそも大手新聞社たちは皆、（軽減税率に目がくらんで）消費税を推進する一大キャンペーンを推進し、この不況状況をつくった「犯罪的増税行為」の片棒を担いでいるものだから、今更批判できないわけです。

つまり、日本という国はもはや、「公正中立なジャーナリズム」なるものは、ほぼほぼ失われてしまっていたのです。

一方で、海外メディアは、一斉に日本政府の消費増税を批判しました。

米国のウォールストリート・ジャーナルは、「日本が犯した三度目の過ち、消費増税が経済に打撃」と日本の消費増税を批判し、同じくイギリスの経済誌エコノミストは、消費増税を、「やらなくてもいいのに政府が自らしでかした政策の間違いである消費増税（The tax increase was an unforced error.）」と酷評しました。そして、イギリスの経済紙フィナンシャル・タイムズは、「消費増税後六・三％もＧＤＰが縮小」という事実を報じた上で、「消費増税の悪影響は、事前に予測したよりも遥かに大きかった」というエコノミストの声を報じ、「日本は不況突入コースに入った」と指摘しています。

つまり、日本政府と特に利害関係を持たない海外の大手新聞社たちは、腐敗してしまった日本の大手新聞社とは異なり、公正中立に日本政府の消費増税に対する激しい批判を繰り返したわけです。

これでようやく、日本政府の経済運営についての「無能さ」が、海外にバレ始めたのです。

そんな中で拡大したのが、コロナショック。とりわけ、当初酷《ひど》かったのが「第二の武漢」とまで喧伝《けんでん》された「ダイヤモンド・プリンセス号」での日本政府の対応でした。

「日本政府は、検査しないままに二十三人を下船させていた」「『陰性と出たが、後に陽性となるというケースがある』ことが分かっており、外国では陰性と出た場合でも二週間程度は隔離するのが一般的なのに、日本政府は、陰性だったからということで、公共交通で帰宅させた」といった事態が生じました。今となっては随分前の話でコトの顚末《てんまつ》をご記憶の方も限られているかもしれませんが、こうした対応は、諸外国の政府としてはあり得ない、ということで、世界中のメディアで連日、徹底的に非難され続け、日本政府は「火だるま」と化していったのです。

ところが、日本国内ではこういうことをどれだけ批判しても、「モリカケ」問題や「桜を見る会」の時のように、のらりくらりと有耶無耶《うやむや》にされてしまい、安倍支持者たちに、「もうそんな細かいことといいじゃん」と抑圧されてしまう有り様だったのです。

ところがこうして日本政府は世界中から消費税とコロナで批判を受ける状況になり、これを通して当時、ようやく日本政府の支持率が低下し始めたのです。

そうした流れの中で、安倍総理は現場の反対を押し切って「小中学校の休校要請！」なぞと、「やってる感アピール」をしますが、もはや後の祭り。むしろ逆に、「昼間子供の面倒を誰がみるんだ？」「社会が崩壊しかねない」という猛烈な反発も出始めます。

以上が、当時の日本政府＝安倍政権をめぐる顛末ですが、これは本当に情けない話。

なぜなら我が国にはもはや、「自浄能力」が備わっていないことを意味しているからです。

本来なら、消費増税問題にしても、コロナ対策にしても、マスメディアを中心に適正な政権批判が展開され、それを通して政府が方針を改めない限り、政権の存続が困難になるという状況に追いこんでおかなければならないわけです。

実際、昭和時代の日本なら、そうした自浄能力が備わっており、そのおかげで、消費税（売上税）が導入されることが長年回避され続けたのです。

ところが今は、メディアはほとんど消費増税賛成、国民においても半数近くが消費増税やむなしと言い、増税をした政府に対する反発はほとんど起きませんでした。

コロナ対策にしても、中国でコロナが流行している最中にも、政府は入国禁止を考えるどころか、政府のＨＰに春節の中国人観光客を歓迎する総理のメッセージを掲載し続けていたわけですが――それについても、一部報道がなされただけで、ほとんど批判されませんでした。

こういう状態は、まるで「イジメがはびこっている学校」のようなもの。

そんな学校ではもう、暴君である「イジメっ子」が「イジメられっ子」をいじめる不道徳が当たり前になって、誰も問題視しなくなる……ところが、いったんそれが世間一般に報道されるようになると、そのクラスの異様さが誰の目にも明らかになっていって、初めて、学校内でも問題になる、というのはよくある話です。

「外国のメディア様に批判されるまで、日本の世論は目覚めない」という今の日本全体が、そんな情けない状況に置かれているわけです。

イジメがはびこりまくり、自浄能力を失った学校を浄化するには、一旦明るみに出すほかないのです――誠に情けないことに、それが今の実情です。

かくして、我々言論人、批評家がここでもまた、不道徳な日本の空気に敗れ去った事例を追加してしまったわけです。

誠に遺憾《いかん》ですが、だからといって、我が国の自浄努力を諦《あきら》めてはなりません。これからも徹底的に批評、批判活動を展開せねば、日本の明日は絶対に訪れ得ないのですから。

（『藤井聡・クライテリオン編集長日記～日常風景から語る政治・経済・社会・文化論～』2020・2・28）＝以下、編集長日記

（追記：なお、この期、安倍総理は健康上の理由から辞任を表明したところ、それまでの批判的論調と裏腹に、一気に支持率が上昇することになりました。その高支持率は、その安倍政権を引き継いだ菅政権にもそのまま引き継がれ、内閣誕生時の支持率は実に7割に達します。ここで指摘した各種の「批判」の数々を、今のところ日本国民はあらかた失念してしまったようです。しかし、菅政権に対する「ご祝儀支持率」が終わった頃に再びこの論説で、また、次ページに掲載する論説で指摘した各種の深刻な問題の数々が徐々に噴出し始めるかもしれません。まっとうな政権運営を期するためにも、今後の世論の動向を注視し続けねばなりません。２０２０・９・27）

「コロナ禍」は、「日本政府の失策」から始まった

コロナ問題は、はっきり言って、完全なる「人災」です。

なぜなら、まず第一に、日本政府はもっと早く、中国からの入国禁止を決定できたからです。例えば、台湾が中国人の入国制限を始めたのは二月六日。一方で、日本政府が中国人の入国規制を決定したのが、三月五日。

それどころか、当時、安倍総理は、一月十六日に国内初めての新型コロナ感染症発症例が発表されていたにもかかわらず、その約一週間後の一月二十四日から一月末まで、中国の日本大使館のホームページの中で直々に顔をさらしつつ「（この春節の機会に）さらに多くの中国の皆様が訪日されることを楽しみにしています」と、呼びかけていたのです。

つまり、日本の代表者である安倍総理は、「もっともっとたくさん日本に来てください」と中国人全員に対して満面の笑みで訴え続けたのです。コロナのリスクがそれによって拡大することが明らかであったにもかかわらず……。

結果、汚染されなくてもいい我が国日本が、新型コロナウイルスに汚染されてしまったのですから、これを「人災」と言わずして、一体何を人災と言うのでしょうか。

ただし、コロナ問題における「人災」はこれだけに止まりません。

一月中に中国人により多くの積極的な来日を呼びかけていた安倍総理は、中国人に対するニコニコした呼びかけとは裏腹に、日本人に対しては、「多数の方が集まるスポーツ、文化イベント……の中止、延期または規模縮小等の対応」をすることを、二月二十六日に「要請」したのです。今から思えば、この自粛要請はその後の「八割自粛」要請などに比べれば大変に緩いものではありますが、実はこの初期の時点の自粛要請のやり方にそもそも問題が潜《ひそ》んでいたのです。そしてその問題が、いつまでたっても、その後の日本人がダラダラと自粛を続けざるを得なくなっている本質的原因になっているのです。

そもそもこれまで総理からの要請なんてされたことのない真面目《まじめ》な多くの日本人たちは、この要請を契機にあらゆるイベントを「自粛」し始めたのです。

そしてその結果、自粛せずにイベントを行うことが、「悪い」ことであるかのように扱われ、世間から袋だたきに遭うような状況ができあがってしまったのです。結果、町からは、インバウンドの中国人たちだけでなく、日本人の姿も消えていきました。

これによって、今、日本の経済活動は、恐るべき停滞状況に陥りました。

その結果、その「コロナショック」は「リーマンショック」を遥かに上回る経済的ダメージを日本経済に与えることになったのです。

しかし、この「コロナショック」の直接の原因は、日本人の「自粛の嵐」です。そして忘れてならないのは、この「自粛の嵐」を直接導いたのは実は、新型コロナウイルスなのではなく、むしろ「日本国政府」だったのです。

そもそもあの時、日本政府は、「基準」を何も示さないままに、ただ単に「多数の人々が集まるイベント」という曖昧《あいまい》極まりない言葉を使って自粛を「要請」したことが、すべての元凶です。もともとコロナで不安になっていた人々が、こんな曖昧な要請を受けてしまったことで、半ばパニックに陥ってしまい、ヒステリーのように、あらゆる規模のイベントを自粛し始めたのです。

そうなれば今度は、自粛する気がない人々も、自粛しないと不適切だという無言の圧力を感じ、さらにバタバタと自粛し始めていったのです。

こうして、「自粛病」が蔓延しまくる事態を迎え、それが本書執筆時点の八月時点に至るまでいまだに継続している状況にいるわけですが、ここまでの自粛の連鎖は、完全に常軌を逸しています。

そもそも、イベントにおける「感染リスク」は、そのイベントの規模に直接依存しています。少なくとも当時の感染者数を考えれば、大規模イベントなら、そこに感染者が含まれるリスクが高まりますが、百人以下の小規模イベントなら、そこに感染者が含まれるリスクは「ほとんどゼロ」のような水準だったのです（https://38news.jp/economy/15456）。

だから、こういう確率計算を行えば、例えば当時、東京都が出していた以下のような対応が図れたはずなのです。

「五百人以上の大規模な屋内イベントは、原則延期か中止。それ以下の場合は、その限りではない」

この「五百」という数字には根拠があります。上記記事の計算に基づくと、五百人以上の規模のイベントになると、少なくとも当時の時点においても、そこに感染者が含まれるリスクが四捨五入すると一％程度にもなってしまうからです（仮に、今公表されている感染者数の五倍の潜在的感染者数がいると想定したとしても、です）。が、五百人以下なら、そうしたリスクはさらに小さくなりますから、東京都が言うように「消毒液や換気等の対策」を図ることを前提に開催することも十分にあり得ることになります。

だから日本政府もあの時、例えば、「五百人以上」という基準を設けた上で自粛要請をし、それ以下のイベントについては、「消毒液や換気等の対策」を奨励しつつ、当該イベントの必要性を踏まえて是々非々で開催を検討いただきたい、と言えば良かったわけです。

そうなれば、会合やイベントはおおよそ五百人以下なわけですから、少なくとも当時見られた「自粛病」の大流行は完全に抑え込むことができ、経済被害がここまで拡大することもなかったのです。

つまり、現状程度の感染者数が少ない状況下での過剰な自粛は、ほとんど何の合理性もなかったわけです。ただ単に、周りからバッシングされたくないという心情で、無意味な自粛・休校が連鎖的に広がっていったわけです。

そして、この愚かしい不条理な状況を作り出したのは、何の基準も示さない、「曖昧」な日本政府からの自粛・休校要請だったのです。これもまた、日本政府による人災といわずして一体何を人災だというのか、というような話なのです。

そして、その禍根は、今日の自粛状況にも大きな影響を与え続けています。

そもそもこの時、日本政府が発した自粛要請そのものに、とりたてて明確な基準があったわけではなかったので、今度はそれを解除するタイミングが分からなくなってしまったのです。例えば、上記のような単純な確率を用いていれば、感染状況が収束してくれば、それにあわせて自粛を解除する「きっかけ」を得ることも可能となりますが、そういう基準が用いられなかったので、感染が広がった東京であろうが、ほとんど感染が見当たらなかった地方の町村であろうが、その自粛を解除するきっかけが見失われてしまったのです。

その結果、令和二年九月現在においてすら、北海道から九州に至るまでの全国津々浦々において、感染がほとんど広がっていない地域も含めてさまざまなイベントや多くの会社や大学における会合が、感染状況によらずに自粛され続ける状況につながったのです。

政治家が行う責任逃れや人気取りのための「やってる感」の演出のために、日本の社会も経済も長い苦悩を背負わされることになったという次第です。

これを機に、「とりあえず念のために自粛しておこうか」と、一旦基準なくいい加減に自粛してしまうと延々と自粛解除ができなくなってしまうということが起こり得るという構造をしっかりとご認識いただきたいと思います。いい加減な自粛が導く被害は、実は極めて深刻なものとなり得るのであり、そしてその被害は特に、一国のリーダーにおいて最も巨大なものとなり得るのです。

（『編集長日記』２０２０・３・６）

安倍総理の「学校閉鎖」が西側諸国の過剰反応の先駆けとなり、「中国独り勝ち」という悪夢を導く

誠に残念な話ですが、世界は今、コロナショックによって「世界大恐慌」へと突入することが「確定的」な状況となりました。

そもそも、「不況」とは、「不」味《まず》い経済状「況」という程度の話ですが、「恐慌」とは人々が集団で「恐」れをなし「慌」てふためく状況を言います。

例えば倒産が倒産を呼ぶ連鎖倒産の嵐が吹き荒れた一九二九年の世界大恐慌は、あらゆる民間企業が「うちの会社も倒産するんじゃないか」と「恐」れ、「慌」てふためいた結果、全くオカネを「使い」も「貸し」もしなくなり、それによってさらに「連鎖倒産」が加速していく、という最悪の悪循環が起こったわけです。つまり、大恐慌とは単なる経済現象を超えた、「恐れ」が集団感染していく「世界的集団心理現象」なのです。

ところが今回は、経済的な「恐れ」のみならず、「アジアの未知なるウイルス」に対する凄《すさ》まじい「恐れ」によって「恐慌」がさらにさらに加速しているのです。

これは人類が今まで一度も経験したことのない最悪事態です。リーマンショックなぞというレベルの世界同時不況を遥かに超えた、凄まじく恐ろしい世界史的災厄がこれから始

まろうとしているのです。

感染の中心となった欧米各国では、さまざまな国の政府が、多くの国境を封鎖すると同時にイベントや会合の自粛を要請され、イタリアやスペインに至っては完全なる外出禁止令が下されました。

こうなれば、あらゆるサービス産業が直接的な大打撃を受けることはもちろんのこと、そのサービス産業に関連する産業も大打撃を受けることは確実です。

このままでは、各国の民間のＧＤＰが、何割も下落し、場合によっては半分程度にまで縮退することは必至です。各国はこの自粛要請や閉鎖に合わせて、ある程度の「財政政策」を講ずることを宣言し、政府支出を拡大しようとしていますが、それが、縮退した民間のＧＤＰを埋め合わせるほどの水準になるかどうかは、全く分かりません（事実、四－六月期の欧州各国のＧＤＰは実質年率前期比で、四〜六割も下落するという凄まじい結果となっています）。

というか、多くのケースで、十分な水準には到達しないでしょう。

例えば、日本の経済対策は、コロナショックの「穴」を塞《ふさ》ぐには小さ過ぎるものとなることは間違いない情勢です。結果、日本のＧＤＰは確実に縮小します。つまり、国民の所得は間違いなく激しく縮小するのです。しかも、このコロナショックがやってくる前に、日本政府はご丁寧なことに一〇％消費増税を行っており、コロナショックによる被害がさらに激甚化するのは必至の状況です。

こうして我が国を含めた世界中の国々の所得が大きく失われていくのです。

一方で、それほどまでに大きな経済被害を受けない国があります。

それが、中国です。

中国は、（少なくとも彼らの公表するデータに基づくなら）感染を一定程度に抑え込むと同時に、豊富な政府資金を用意した上で、経済活動を再開したのです。

その結果、おそらく中国は、新型コロナウイルス発祥の地であるにもかかわらず、コロナショックに伴う経済被害は最小限に食い止められ、元通りの活動水準を世界に先駆けていち早く取り戻す可能性が高い状況にあるのです（事実、令和二年四－六月期の実質成長率は前年同月比でプラス三・二％以上の水準に到達しています）。

一方で、日米および欧州諸国は、国民の不安にあおられるように、自粛や禁止の要請のレベルをどんどんエスカレートさせていきました。

例えば、イギリスのジョンソン首相は当初、疫学の基本的な知見に基づいて、一定の速度で国民にウイルス感染を広めておくことが、国民全体の「抗体」を強化し、来年の冬の感染爆発を防ぐことにつながり、トータルとしての感染症についての国民被害を最小化させることができるだろう――という方針を表明していました。

しかし、イタリアやスペイン等を含めた各国政府が極端に激しい自粛・閉鎖命令を下す中、ジョンソン首相は「感染症に対する対策が甘い！」という激しい批判を受けるに至ります。

結果、ジョンソン首相は、自粛要請やイベント禁止の基準強化をする事態に追い込まれたのでした。いわばジョンソン首相は、社会活動の過剰抑制を、世論に「強制」されてしまったのです。

このことはつまり、「恐慌」という集団心理状態においては、不安に駆られた大衆は皆、コロナへの恐怖のあまり、過剰な自粛や禁止を「政府に対して要請」してしまい、それによって、自らの所得を激しく毀損《きそん》させていくことになる、ということを示しています。

一方で民主的意思がほとんど行政に直接反映されない中国では、「世論の暴走」に基づく「恐慌」状態は起こらず、被害を最小化できるのです。

つまり、このコロナショックは「中国」vs「日米欧」という戦いにおいて、「中国」を圧倒的に利する影響をもたらし、「中国独り勝ち状況」を創出する帰結を導く公算が高いのです。そして、こうした恐慌をもたらしたA級戦犯の一人が、誠に残念なことに我が国の安倍総理なのです。

そもそも、「日米欧」といういわゆる西側諸国において、各国が競い合うように「一律自粛」「一律閉鎖」をエスカレートさせた状況がありますが、各国リーダーたちのこの不条理な自粛競争の先鞭《せんべん》を切ったのは、筆者の知る限り、日本の安倍総理だったのです。

感染がさして拡大しておらず、感染が一件も報告されていない都道府県も数多くあった段階で、突如として安倍総理は小中高校の閉鎖を「一律」要請すると同時に、「全国的なイベントの自粛」を要請しました。

(複数の報道によりますと)政府内には、こうした自粛要請に対する反発が大きかったとのことです。麻生副総理も菅官房長官も萩生田文科大臣も、この「一律自粛要請」には反発したと伝えられています。しかし安倍総理は、今井秘書官のアドヴァイスに従う格好で、「全国一律の小中高校の自粛」を要請してしまったのでした。

しかも漏れ伝え聞くところによると、かの「専門家会議」においても、こうした総理の「スタンドプレー」は、著しく合理性を欠いたものであり、社会経済活動を過剰に萎縮《いしゅく》させる不適切なものであったと認識している委員も複数おられたとのこと。

つまり、疫学的観点からいっても、この自粛要請は、明らかに「やり過ぎ」の「スタンドプレー」に過ぎなかったことは間違いなかったのです。

しかし誠に残念なことに、この過剰な自粛要請は、瞬く間に世界中に伝えられてしまいました。折しも当時、ダイヤモンド・プリンセス号の状況が、世界中に連日伝えられていましたから、日本国内のあらゆるコロナ関連情報は一瞬に世界に広がってしまう状況にあったのです。

かくして、安倍総理は世界が注目する中で、過剰な自粛要請を行って見せたのです。

そしておそらくは、不幸にもそれが、世界各国の民主的リーダーたちのスタンダードになってしまったわけです。

逆に言うなら、この時、安倍総理が台湾の蔡英文《さいえいぶん》総統のように「感染者が一人出れば、そのクラスは閉鎖、二人出れば学校を閉鎖」という「抑制的」な閉鎖要請をしていれば、それが世界中のスタンダードになったことも十分あったはずだったのです。

無論、歴史は二度と繰り返すことはできませんから、「たら、れば」は想像の域を出ないものではありません。が、安倍総理の「自粛要請」は、世界各国が初めて目にした西側各国のリーダーの「一律的自粛要請」だったわけで、しかも事実として、各国リーダーたちが安倍総理と同様の「過剰な一律自粛要請」を繰り返す事態が始まってしまったのです。

これが思い過ごしであればそれで構わないのですが、やはり筆者のこの認識が正鵠《せいこく》を射たものであったとするなら、その事態は日本人として、誠に恥ずかしく、そして、申し訳なく、遺憾に思います。無能な情けないリーダーを「頂く」ということは、もはやそれだけで「犯罪」に等しい振る舞いなのだと言わざるを得ない、ということなのでしょう。

そしてそれは我々日本「国民」の責任だと、言わざるを得ません。

そもそも、この疫学的に合理性を著しく欠いた「小中学校の過剰自粛」を、国民の実に七割も支持したのです。

つまり日本人たちは疫学的合理性も、経済学的合理性もそっちのけで、とにかく、コロナを「恐」れ、「慌」てて、過剰自粛を要請してもらいたがったのであり、そんな大衆の中心で安倍総理は、大衆を忖度《そんたく》し、大衆に踊らされるようにして、「やってる感」を演出し、傾《かぶ》いて見せるべく、何の合理性もない過剰な自粛を要請したわけです。

そして、そんな過剰自粛が今、世界各国に伝播してしまい、せっかく長期的な安定的繁栄を築き上げてきた「西側の自由民主主義国家」が、今まさにその「民主主義」によって自滅しかかっているわけです。その先鞭《せんべん》を、我が国のリーダーたる安倍総理がつけた格好となっているわけであり、その帰結として、中国の独り勝ち状況を、自らのオウンゴールの格好で作り上げげつつあるわけです。

誠に遺憾というほかありません。事ここに至っては、せめて消費税の一時凍結を日本政府には行ってもらいたいところですが、そのような胆力も見識も知性も、今の我が国政府にあるとは、残念ながらどう考えても考えられないのが、筆者の偽らざる現状認識です。

この状況を打開すべく、政権交代の可能性も含めたあらゆるオプションを今、日本国民は考えねばなりません。恐れ慌てふためいている余地などもはや、我が国には残されていないのです（例えば、減税しなければ政権が続かない、という世論環境ができあがれば、消費税凍結の可能性が出てくることになります）。

読者各位だけでも、恐れ慌てふためかず、こういう非常時だからこそ、しっかりと「肝」を据えて、考えていただきたいと思います。

（『編集長日記』２０２０・３・20）

さまざまな対策を図る先進諸外国、何もしない日本政府。日本はもう終わってる……

コロナ騒動はもはや、「世界大戦」の様相を呈し始めています。

イタリアやスペイン、フランスやイギリス等の欧州各国では、各国少しずつ基準や罰則は違うようですが原則、外出禁止となりました。アメリカでも多くの州で外出禁止措置をとりました。

それに伴って各国の経済は激しく停滞。外出しなければ経済活動が動かなくなるのですからそれも当然です。

新型コロナウイルスの毒性については、高齢者、ならびに、基礎疾患のある方々にとっては高いと報告されており、確かに警戒を要するもののようですが、「基礎疾患のない非高齢者」については、死に至るケースがほとんど確認されていません。（基礎疾患のない）四十歳未満に限れば、イタリアですら（少なくとも死者の二割を対象とした調査からは）「皆無」だとも報告されています。

こうした新型コロナウイルスの特性を踏まえれば、高齢者や基礎疾患をお持ちの方々さえコロナ感染を徹底的に回避する取り組み「さえ」行っておけば、基礎疾患のない健康な若年層については、過剰な自粛は必ずしも必要ではない（つまり、後の章で解説する「半自粛」の対応で十分である）というのが、現実的な「リスクマネジメント」であると考えられます。

ついては筆者は今、当方がユニット長を務める京都大学のレジリエンス実践ユニットから、そうしたリスクマネジメント手法の提言（第6章参照）を行っていますが、各国の対応は、それからは大きく乖離《かいり》した、過度に自粛を強要するものとなっています。

その結果、世界同時不況、というより、「世界大恐慌」が生じることが今、確定的となりました。これから世界中に倒産と失業の嵐が吹き荒れ、新型コロナ肺炎で亡くなった方以上の自殺者が拡大することは避けられない状況となってしまいました。

筆者はこうした欧米諸国の反応は、過剰にヒステリックなものであり、欧米の白人たちが今、未知なるアジアの病にパニックに陥り、理性的な判断ができなくなっているものと考えています。

そもそも欧米の西洋文明は（大石久和先生が『国土学』にて常に主張されているように）、「自然」の中に「壁」を築き上げ、その内側で人工的な秩序を作り出すという種類のものでした。

それはちょうどアニメ作品の「進撃の巨人」と同様で、西洋の白人たちは、壁が完璧《かんぺき》に機能している限りにおいて文明人として振る舞うことができるのですが、その壁がひとたび崩壊し、外部から非文明的な未知なるものがやってきた時、激しいパニックを起こし、文明人として振る舞えなくなってしまうのです。

その意味において、欧米におけるコロナパニックは九・一一テロに対するアメリカの過剰反応と類似した構図を持っているのです。

こうした欧米のメンタリティは、自然と共存しながら生きていこうとする東洋文明、とりわけ日本文明とは決定的に違います。

私たち日本人の暮らしの「内側」には、すでに自然なり何なりの「異質なもの」が陰に陽に含まれており、だから、新型コロナウイルスに対しても、（善《よ》きにつけ悪しきにつけ、欧米人に比べれば）比較的平静に振る舞うことができるのです。

このようなことを考えますと、新型コロナ騒動は、しばらくは収まりそうにないと考えざるを得ません。ということは、世界大恐慌も、リーマンショックを遥かに上回る水準で、文字通り、一九二九年の再来、あるは、それを遥かに上回る規模で展開していくこととなると覚悟せねばなりません（例えば、ドイツはすでに最悪百兆円規模でＧＤＰが毀損するであろうと試算されています）。

ただし当方は、これまでの諸データを見る限り、少なくとも我が国においては後で振り返ってみれば、「新型コロナウイルスによる死者数は季節性インフルエンザのそれとさして変わらない水準で収まった」とか、「毎年の肺炎によるトータルの死者数（例えば、日本では毎年十万人程度の方が肺炎で亡くなっています）に対して、ほとんど大きな影響を与えるものではなかった」ということが、近い将来に明らかになってしまうことは十分にあり得る話だと考えています（そして、少なくとも令和二年九月現在においては、約半年前のこの三月時点での筆者の見込み通りの状況にあったことが明らかになっています。もちろん、最終的には次の秋・冬での流行の被害を確認することは必要ではありますが、この三月時点での見立て通り、あるいは、それ以下の水準に被害が収まる可能性が十分に考えられる状況にあります）。

しかし、このコロナ恐怖に基づく「世界大恐慌」は凄まじい被害を世界に、そして日本にもたらすことになることは「決定的」であると考えています。

そんな中で、欧米人たちはパニックに陥りながらも、パニックにおいて如何《いか》に振る舞うべきかを理解し、適切な政府支出を行い、この大恐慌を乗り越えることができる国家は、決して少なくないのではないかと思います（もちろん、中でも一番、被害を最小化できるのは中国だと思いますが）。

なぜなら、ドイツのメルケル首相がそう言っているように、多くの国々がこの新型コロナウイルス騒動を「戦争」と捉えているからです。つまり、今、欧米各国は、新型コロナウイルスを敵とする「第三次世界大戦」を戦わんとしているわけです。

ところがそんな中で、日本だけは、これが「非常事態」であることを一切認識せず、霞《かすみ》が関《せき》や永田町の政治家や官僚たちの多くは、あくまでも日常の「政治ごっこ」を繰り返し、必要な対策をほとんど行わず、大恐慌による「大津波」を国民はモロかぶりしそうな状況にあります。

そして、国民もまた、この状況が非常事態であることを認識せず、そんな政府を批判することもなく、活動を自粛しながら、ただただ「まったり」と日常を過ごしています。それが証拠に、安倍内閣の支持率はコロナ騒動が深刻化するにつれて上昇し始めたのです。

必要な「水際対策」よりも、春節のインバウンド需要と習近平中国国家主席の来日を浅ましく優先し、中国人の入国を奨励し続けた結果、日本中が感染される状況に至ったのも、そして「子供たちの命を守る」なる疫学的合理性が全くない理由で日本中の学校の休校要請を行い、それを通して過剰自粛を誘発し、激しい国民所得の縮小を導いたのも、かの安倍総理ご本人だったのですが、そんな実情に頓着《とんちゃく》せずに安倍総理を支持する国民が増える……日本はもう、終わってるよなぁ、と思わざるを得ません。

少なくともこれまでの医学データを見れば、最大で五千万人もの死者を出したと推計されているスペイン風邪よりも圧倒的に毒性の低いことが明らかな新型コロナウイルスに慌てふためく欧米人も欧米人ですが、何も考えていない日本人は、それにさらに輪をかけて愚かです。このままでは、二十一世紀は中国独り勝ちになってしまうのはもう避けられないかもしれません。

つらい話ですが、冷静に現実を分析すると、ますますそう思えてきてしまいます。本当に残念です。

（『表現者クライテリオン』メールマガジン　2020・3・23）

日本国民は戦わずして、喜々として「米中のダブル属国」への道を突き進む

ここ最近、連日、そして朝から晩まで終日報道され続けているように、感染者数が急増しています。東京以外の周辺県も、大阪、兵庫、愛知もこれからこうした状況になっていくことが十分想像される状況となりました。政府は、「国民の生命を守る」ことこそが何よりも重要な義務ですから、必要な医療体制の構築と、（第6章にて筆者が提案しているような）感染防止策、そして、それに伴う国民経済被害に対する補償を急がねばなりません。

しかし、我が国政府は、残念ながらそういう意識が乏しく、この期に及んでもなお、中枢の人々は「永田町での権力闘争」にかまけているのが実態です。せめてこうした「国難」の時くらい、これまで言ってきたこととのツジツマだとか、財務省のメンツだとか、政治家のメンツだとか、支持率だとか、次の選挙のことだとかはすべてさておき、国民の生命と財産、そして日本国家を守るために皆一致団結して徹底的に「コロナ大恐慌との戦い」に一意専心してもらいたいと思うのですが――そういう空気は霞が関にも永田町にも全く流れていません。

既に当方、「医療崩壊を回避し、コロナによる死者数を最小化しつつ、コロナ対策によ

る経済被害を最小化する科学的方法」を実践政策学的にとりまとめ、ネット等を通して提案し、政府、与党にお送りし、解説をさし上げているのですが、誠に残念なことに、そうした提案は今のところ一切取り入れられてはいません。

それに比べれば、欧米諸国の経済対策は徹底していますし、疫学的対策についても例えばアイスランドは統計学を駆使した合理的な対策を採用しています。

こうした状況を見れば、我が国が何らかのフィールドで国家同士、欧米諸国と総力を挙げて戦うことがあるとすれば、まず間違いなく敗北するに違いないと思わざるを得ません。

きっと、大東亜戦争の時も、東京の大本営と現場（戦地）とでは緊張感がまるで違っており、大本営は国家戦略を度外視して海軍のメンツだとか陸軍のメンツだとかのくだらない闘争に明け暮れ、現場では兵士の屍《しかばね》が累々と積み重ねられ、敗北への道をまっしぐらに突き進んでいった、という光景と全く同じことが今も繰り返されているのでしょう。

そう思えば、今の政府のロクでもなさというのは、基本的なところは戦前から何も変わってなかったのかもしれないのだと思えてきます。

今、このパンデミックについては多くの国民が「医学的議論」にその意識を向けていますが、パンデミック問題は、ただ単に医学的問題として捉えるべき問題ではありません。

過去を振り返れば、大災害や大戦争と同じように、歴史に重大なディープインパクトをもたらしてきたのが、「疫病」だったのです。

例えば十四世紀以降、幾度となく欧州・アジア・中東等にて世界的流行を繰り返している「黒死病」とも呼ばれた「ペスト」は、今回のコロナよりも圧倒的に高い毒性を持ち、感染したケースにおける七割程度が死に至っていました。

十四世紀には世界人口の約四分の一程度が死に至っています。特に欧州での被害は大きく、欧州全体の人口の半分程度が失われたと推計されており、中でもイタリアやイギリスの一部の街々では、人口の七～八割が感染死したと言われています。

これだけ激しい被害を欧州各国が受けたのですが、各国はペストによる人口激減を乗り越えて人口を増やしていきました。しかし、イギリスだけが人口を増やすことがなかなかできなかったとのこと。

結果、イギリスは慢性的な労働者不足に悩まされ、「労働生産性を上げる技術開発」に投入される努力が必然的に拡大していったそうです。そしてその結果発明されたのが蒸気機関車であり、それに基づいて始まったのが産業革命だったと言われています。

つまり、ペストなかりせば「イギリスの産業革命」は起こっていなかったわけです。

こう考えれば、今回のパンデミックは、まずは、国民の生命を守る疫学的対策を、政府と国民が文字通り一丸となって、進めていくことが必要ではありますが、それだけに国民の注意のすべてを差し向けていると、来たるべき世界史的な大激震に何ら対応することができず、甚大なる国民的国家的被害を受けることになるわけです。

したがって、我々は、「感染症による死者数を可能な限り縮小していく取り組み」に最大限の資源を投入していくと同時に、今後何がやってくるかをしっかりイメージしておかねばなりません。

第一に、このコロナの流行は、短期間では終わりません。大なる可能性で、年内いっぱい、完全に収束することはないでしょうし、数カ年かかることも十分に考えられます。したがって、ワクチン・治療薬が開発されるか、あるいは過半数の人々が一旦罹患《りかん》して回復することを通して抗体を身につけていくことが、完全収束のためには必須《ひっす》です。いずれにせよ、そうしたことがわずか数カ月で達成できることはあり得ないでしょう。

第二に、その間、人々の行動が抑制されるわけですから、確実に経済は疲弊し、倒産と失業の嵐が吹きます。その経済被害は、政府の支出によって一定程度抑え込めるでしょうが、すべての失業、すべての倒産を抑止することはできないでしょう。日本のように緊縮にこだわっている国ではなおさらです。仮に日本国内の内需を完全に守り切ることができたとしても、諸外国の経済も疲弊しますから、外需は大きく下落します。したがって、日本経済、世界経済は確実に、このパンデミックによって「大恐慌」の状態になり、失業と倒産の嵐が吹き荒れることになります。

第三に、こうして産業の生産性が大幅に抑制されますから、さまざまなモノが不足する事態となります。その中でもとりわけ深刻なのが食糧です。我が国は食糧自給率が、カロリーベースで四割しかありませんから、この世界的な食糧危機による食糧不足に、最も大きな被害を受けることになるでしょう。

第四に、パンデミックに恐れをなしてあらゆる活動を停止させていけば、経済のみならず、社会や文化、芸術も衰退していかざるを得ません。そして、感染を過剰に恐れた人々の生命至上主義によって社会が破壊され、人間の豊穣性《ほうじょうせい》が失われていくことになります。つまり、豊穣なる存在であるはずの人間が、単なる動物としてのヒトに近づいていくことになります。

第五に、こうしてパンデミックを契機としてもたらされる世界恐慌や世界的食糧危機によって、「日常」が徹底的に破壊され、人心が乱れていけば、民主国家においては、大きな政変が次々と起こっていくことは避けられません。

日本においては、安倍内閣の存続が危ぶまれる事態となるのはもちろんのこと、自民党・公明党の与党支配もぐらつく可能性が出てきます。その結果出てくるのが、（第二次大戦時に見られた）ファシズム、あるいは全体主義です。その担い手になるのは、維新の橋下徹なのか、れいわ新選組の山本太郎なのか分かりませんが、新興の政党が勃興《ぼっこう》し、大きな政変が起こることとなるでしょう。そしてそれは日本のみならず、諸外国においてそういう傾向が高まることでしょう。

第六に、こうしたさまざまな世界史的な転換の中で、新自由主義に基づく「グローバリズム」に大きな反省が加えられ、経済産業構造が激変していくことになるでしょう。そして、「保護主義」が急速に重視されるに至り、「経済的自律性」を各国が激しく求め出すことになるでしょう。今のところは、各国は新型コロナウイルスの流入を防ぐために国境を封鎖する格好となっていますが、そのため、さまざまなモノやサービスを自前で調達せねばならない状況になっているのです。その結果、グローバリズムは終焉《しゅうえん》に向かわざるを得なくなっているのです。

そしてEUの崩壊は加速し、環太平洋経済連携協定（TPP）や自由貿易協定（FTA）等の貿易体制が有名無実化していくことになるでしょう。一方でグローバリズムに依存せず、自前であらゆるものを調達できる国々がいち早くコロナ下で、あるいは、コロナ後に、その国勢を大きく拡大していくことに成功することでしょう。言うまでもなく、グローバリズムと新自由主義を頭から信じ込んでいる安倍内閣や自民党政権が我が国の政治を差配している限り、コロナ禍によって我が国はますます没落の速度を速めていくことになります。

第七に、こうしたさまざまなパンデミック、大恐慌、食糧危機、民主主義が導く全体主義、グローバリズム終焉といった激変の中で適切に対応できた国がその国勢を拡大し、失敗した国が凋落《ちょうらく》していくわけですが、極端な新自由主義に基づく「緊縮主義」と「非保護主義」を信奉する国ほど、これらの激変の被害を莫大《ばくだい》に受けることになります。したがって被害がとりわけ大きくなるのは日米欧です。

中でも日本は、特に特に大きな被害を受ける状況になります。激しい緊縮主義と非保護主義を採用しているからです。一方で、被害を最小化できるのは中国、ロシアといったいわゆる「権威主義国家」たちです。したがって、このパンデミックを通して、日米欧の相対的地位は確実に低下し、中国・ロシアといった権威主義国家の相対的地位は確実に向上することになります。そして、中ロ両国ではやはり、最初に感染症を封じ込め、しかも、圧倒的な経済力を誇る中国がやはり、最大の「勝ち組」国家となることは必至です。

一方、日米欧の中では、最も積極財政政策を展開するアメリカが被害を最小化でき、最も緊縮財政政策を展開する日本が最大の被害を受けることも間違いないでしょう。

したがって、日米欧中ロの主要五カ国・地域の、パンデミック後の「長期的」な視点からの躍進／没落の程度は、おおよそ次のような格好となると考えられます。

＜↑没落　　　　　　　躍進↓＞
日本＜欧州＜アメリカ＜ロシア＜中国

つまり、我が国日本にとって、このパンデミックは最悪の悪夢そのものなのです。
しかも、そのパンデミックが、戦後の現代日本の歴代政権の中でもとりわけ、腐敗水準が高く、かつそれ故に、危機管理能力が低く、しかもグローバリズム・新自由主義・緊縮主義といったパンデミックに対する「脆弱性《ぜいじゃくせい》」をとりわけ拡大する諸条件を兼ね備えた最悪の「安倍内閣」が、日本の政治を牛耳っている環境下で起こったということが、日本の悲劇をさらに激化させたのです。

加えて、このパンデミックが最悪なのは、最も没落するのが日本だという点だけでなく、最も躍進する、極めて攻撃的な大国・中国が我が国の隣国にあるという地政学的な条件まで揃《そろ》っている点にあるのです。

そして最後に、以上に述べた各国のパワーバランスの激変は、確実に国家間の紛争をもたらします。なぜなら、隣国同士のパワーバランスが崩れた時、より強くなった国がより弱くなった国を攻める動機が拡大してしまうからです。第一次大戦や第二次大戦のような世界大戦は、核爆弾が開発された今の時代では生じ得ないと思われますが、核を使う一歩手前までのさまざまな紛争が、これから数年間から十年程度の期間、頻発することになるでしょう。

そして、そうした紛争は、最も躍進した国家と、最も没落した国家の間で、勃発《ぼっぱつ》するリスクが最も高くなります。つまり、日中間での紛争のリスクが、これからますます高まっていくのです。それはもちろん、尖閣《せんかく》諸島がその火種となるでしょう。

しかしそれは、対等な戦争ではありません。圧倒的な国力を持つ中国が、矮小《わいしょう》な国力をしか持たない日本を蹂躙《じゅうりん》し、従属させるための紛争です。

幸か不幸か、日中間の軍事的紛争は起こらない可能性の方が高いと考えます。なぜなら、日本は「戦う」以前に完全に白旗を揚げ、中国の「属国」化を加速していくことが予期されるからです。

そうなれば日本は、米国のみならず中国という両大国の「ダブル属国」になっていくことになるのです。

つまり、日中間の紛争は、一切の戦火も交えず、日本側の完全なる敗北のうちに終わり、敗戦なき戦後処理としての中国の日本侵略・統治が進められることになるのです。

そして、その皮切りが、パンデミックが一定程度収まった頃に実現されるであろう「習近平の国賓待遇来日」なのです。まさに悪夢です。

こうした最悪の悪夢を回避するためにどうすればよいのかと言えば、第一に、以上のような「最悪のシナリオ」が極めて現実的に実現するであろうという真実をしっかりと、一人でも多くの国民が認識することをおいてほかにありません。

そしてそれをしっかりと認識すればおのずと見えてくる、「腐敗しきった（当時の）安倍内閣という存在が、新型コロナウイルスよりももっと恐ろしい被害を我が国にもたらす、極めて危険な代物なのである」という第二の真実に思いを馳《は》せることこそが、最悪の悪夢を避けるために今、求められることなのです。

しかし、こうした真実をしっかり認識する国民は、俄《にわか》には拡大していかないでしょう。なぜなら、テレビをつければ朝から晩まで、以上に述べた世界史的大事件の一％の一％にも満たない、日々の感染症拡大のニュースと情報にばかり国民の意識が向いているのですから。以上に述べた真実に思いが至る国民はほとんどいないだろうと思われるからです。

つまり、我が国はこれから激しく没落していくのですが、政治家たちを中心としたほとんどすべての国民が、それに何も気付かず、阿鼻叫喚《あびきょうかん》の地獄へと突入していくことになるわけです。そしてその頃になって、「一体、誰のせいでこうなったんだ‼」などと言い募って責任者を捜し回り、適当な理由をつけて誰かを責任者に仕立て上げ、彼らを血祭りに上げるのでしょう……。私たちはまさに今、そういう最悪の悪夢へと突き進んでいるわけです。文字通り、最悪ですね。

（『編集長日記』２０２０・４・11）

第2章

「過剰自粛」こそコロナ禍の正体である

「抑圧」戦略から「緩和」戦略へ

四月七日、日本「全国」に「緊急事態宣言」が発令されました。正直申し上げて、その不条理さがあまりに悔しくて、涙が出そうになりました。

なぜなら、その「不条理」な全国の緊急事態宣言によって、不幸にならなくても済むはずだったはずの夥《おびただ》しい数の日本人が、会社やお店の業績不振や倒産の憂き目に遭い、不幸のどん底にたたき落とされることになることは間違いないと、直感的に認識してしまったからです。

「遅いくらいだ」「これでちょっと安心できる」と思った方も多かったでしょうし、政府与党の議員たちや知事、有名人たちの中には「国民一丸となってコロナと戦おう！」と威勢の良いことを口走る方々も多かったように思います。

しかし、彼らは何も分かってなかったのです。政府が進めた（全員の社会接触の八割削減を目指す）「一律的な行動抑圧」以外にも、夥《おびただ》しい数の感染症の対策があることを。そしてその中には、より効果的でしかも経済的ダメージを劇的に縮小することが大いに期待できる方法があることを。

にもかかわらず、政府は（何もしなければ、極端なケースでは四十万人を超える死者が出るという数値計算結果を示した）「西浦」教授というたった一人の、たった一つの数値計算を根拠に、全国一律に緊急事態宣言を発令しました。これで、日本経済はさらに深く傷つき、十分な給付も行われないまま多くの企業や店舗が倒産し、失業者が拡大し、貧困者と自殺者数が一気に拡大することになったのです。

そこに思いが及んだ時、やり場のない憤りと悲しみに襲われてしまったわけです。なぜ筆者がそのように瞬時にして理解できてしまったのか。それについて、順を追って説明したいと思います。

①政府による「クラスター潰《つぶ》し戦略」は失敗する疑義が極めて濃厚

まず、政府が準拠している西浦教授たちの目標は、「クラスター潰しができる状態を作る」というものです。クラスター対策とは、感染者を見つけ出し、その濃厚接触者（ならびにその濃厚接触者）全員を洗い出し、彼らをすべて検査して感染者（あるいは、集団感染＝クラスター）を見つけ出す、ということを繰り返し、「完璧《かんぺき》」にそのウイルスを撲滅するという方法です。

彼らは確かにこうした方法で、確実にこれまで感染症の拡大を防いできた実績を持っています。そして、今回のコロナ対策においても、感染拡大を抑止する「有力なアプローチの一つ」（つまり、one of them）であることは間違いないでしょう。

しかし、筆者は、ほぼ一〇〇パーセント間違いなく、彼らのこの、クラスター潰しを「主軸」として感染を抑え込もうとする試みは失敗すると確信しています（この一点が、私藤井と西浦教授との見解の本質的相違です）。

以下、理由を順を追って解説しましょう。まず第一に、致死率が数割にも及ぶ重症急性呼吸器症候群（ＳＡＲＳ）や中東呼吸器症候群（ＭＥＲＳ）、エボラ出血熱といった毒性の強いウイルスの場合は、感染者が無自覚なまま自由に歩き回ることは少なく、したがって感染者を見つけ出し、クラスター潰しをすることは比較的容易です。

しかし、今回の新型ウイルス（ＣＯＶＩＤ-19）は、それらよりも圧倒的に毒性が低く、感染者の半数程度が無自覚であり、症状があってもかなりの割合が単なる「風邪引き」程度の症状で終わってしまうのです。しかも、死亡率（四月十三日時点）についても日本では一・四％に過ぎません。そして五十歳以下に絞れば死亡率は〇・一％、四十歳以下ならば実に完全な「ゼロ」となっているほどに毒性が低いのです。

したがって、どれだけ努力しようが、一旦感染がここまで広まってしまったが最後、無自覚・軽症感染者が多かれ少なかれ感染を継続させてしまい、クラスター潰しが目的としている「ウイルスを完全に撲滅する」ということが成功できるとは考えられないわけです。

しかも、それに万に一つも成功したとしても、彼らは世界中のクラスターをすべて潰しきることなどできません。そうであれば、日本が鎖国でもしない限り、中国から今年の一月に感染者がやってきてそれによってここまで感染が拡大したように、外国から早晩感染者がやってきて、感染が広がることになってしまうでしょう。

したがって、「クラスター潰し作戦」が成功する確率は（ゼロとまでは言いませんが）絶望的に低いと言わざるを得ないのです。

②無理をして「クラスター潰し戦略」を続けると、感染死者数はかえって激増する

それにもかかわらず、政府は、「クラスター潰し戦略」が成功する、という一点に賭《か》け、全国に緊急事態宣言を発令し、社会経済活動を大きく抑制しようとしました。これは極めてリスキーな選択です。

第一に、感染死者の大半を占める高齢者と若年者の区別をせずに、全員一律に「二割の社会接触を許容」した点にあります。その結果（具体的な数値は追って示しますが）、高齢者が数多く感染し、死者数が増加してしまうことになります。

ただし、より深刻な問題は、以下に述べる「第二の問題点」です。

言うまでもなく、これを続ければ一旦は感染拡大は収まり、収束に向かいます。

そして、政府が「ここまで下がればまた、クラスター潰し作戦が可能となる」と踏み、社会活動の抑制を解除すれば何が起こるかと言えば……必ずまた、どこかで、知らない間にクラスターが発生してしまい、そこを起点として再び感染が全国に拡大していくことになるのです（先にも述べたように、仮に国内で完全撲滅に成功したとしても、海外から早晩輸入されてしまいます）。

そうなればまた、政府は（例えば筆者のアドバイスを聞き入れて方針転換でもしない限り）同じように八割の接触自粛（削減）を要請することになるでしょう。

つまり、政府がクラスター作戦に固執する限り、こうした抑圧→（収束）→緩和→（感染拡大）→抑圧→（収束）→緩和→……を、ワクチンが発明される（あるいは、国民の多くが抗体を身につける）まで繰り返すことになるのです。

ここで何が危険かというと、緩和の後に毎回やってくる「感染拡大」が制御不可能な形となるリスクが常にある、という点にあります。そこで医療崩壊のリスクが必ず訪れ、かえってより多くの方々が亡くなっていってしまうことが懸念されるのです。

そして言うまでもなく、このアプローチでは、毎回、無理やり、横車を押すように「抑圧」をかけますから、経済が激しく傷ついていき、それを通して倒産、失業、貧困、自殺が指数関数的に拡大していくという問題があります。すなわち、クラスター対策を、感染抑止策の「一つ」に戦略的に位置づけるのならいざ知らず、クラスター対策「のみ」を過剰に重視し、それ以外の感染抑止対策を軽視する「クラスター潰し方針」を採用し続ける限り、早晩必ずクラスター対策だけで感染を抑えきれなくなる時がやってきて、感染が拡大し、八割自粛のような強力な行動抑制を実施することが必要になる、ということが繰り返されることになるのです。クラスター対策についての「過信」がトータルの被害の肥大化をもたらすという次第です。

以上が政府方針（＝クラスター潰し方針）は「ほぼ間違いなく失敗するであろう」ということ、そして、「その過程でかえってより多くの方々が感染で死んでしまうであろう」さらには「途轍《とてつ》もなく経済が傷つき、それによる自殺者数も数十万人程度に及ぶだろう」というふうに考えている理由です。

③感染死者数を最小化するためにも、「抑圧」戦略から「緩和」戦略へ

では他にどういう方法があるのかというと、それは、以上を「抑圧」戦略と呼ぶなら、以下のような「緩和」戦略と呼ばれるものにすることです。言い換えるなら「ウイルス抑え込み戦略」ではなく「ウイルスと付き合っていく戦略」です。

この「緩和」戦略、あるいは「ウイルスと付き合っていく戦略」の最大の特徴は、この

ウイルスは完全に抑え込めるものではない、という一点を出発点に据えるところにあります。

その上で、このウイルスが常にどこかに潜んでいるという前提を置きながら、「その被害を最小化しよう」と試みるわけです。

この視点に立った時、最も重要になってくるのが、このウイルスがどこで「広がるのか」、誰において「死をもたらすのか」という、ウイルスの特徴についての基礎情報です。

未知な点も多いウイルスですが、それでもなお、分かってきていることもいくつかあります。中でも、この「緩和」戦略においてとりわけ重要なのが以下の二点の基本的性質です。

・このウイルスは、高齢者（および基礎疾患者と妊婦）において、死亡リスクが高いが、それ以外においては、死亡リスクは一％を遥かに下回るほどに低い。

・このウイルスは、「換気」さえ十分であれば、空気感染のリスクは低く、飛沫あるいは接触感染が優越する（と考えられている）。

この二つの特徴を踏まえれば、新型コロナ感染症の被害を最小化するには、「一律の八割自粛」の代替案として、次のような「五つの対策」が合理的である、ということが見えてきます。

【一．高齢者等の保護】 徹底的なコロナ弱者（高齢者・基礎疾患者）の保護。
これが完璧に遂行できれば、理論的には死者数は九九％程度カットすることができる。したがって具体策としては、コロナ弱者の外出禁止と、コロナ弱者への公共的な生活支援が必要。コロナ弱者同居者の協力、および、その公共的支援も必須《ひっす》。
また、現在の日本の死者の多くが老人関連施設や病院における施設・院内感染であることから、老人関連施設・病院における感染症対策を徹底的に行う。

【二．換気】「密閉空間」の回避。
密閉空間にて空気感染での多人数の同時感染が散見されることを踏まえ、換気する体制を「店舗営業の基準」として、それを守らない店舗を取り締まる。そして、換気システム導入に公的資金を導入する。

【三．飲食中の感染対策】（想定される感染者数が多い地域における）自宅外での飲食中の「近接発話」の自制。
飛沫感染が「会食」あるいは「おつまみを伴う飲酒」において広がるケースが多いことを踏まえ、飲食中の「近接した距離での発話」の自粛を要請。また、「飲食中の近接発話自粛」が困難な業態の店舗（クラブ、ラウンジ、スナック、バー、居酒屋など）の営業自粛、あるいは、飛沫対策を要請。ただし、自粛は給付とセットとする（なお、自宅内においては、社会学的必要性とクラスターのサイズの小ささの双方を鑑み、自粛要請しない）。

【四．カラオケ・性風俗店など自粛】 直接・間接の粘膜接触が不可避な業態の店舗営業自粛。

性風俗店、カラオケ店など直接的・間接的な粘膜接触が不可避な業態は、クラスター形成のリスクが高いことから、営業自粛。ただし自粛は給付とセットとする。

【五．手洗いマスク等】「手洗い」「うがい」「顔を触らない」「発話時のマスク着用」「咳エチケット」の徹底要請。

なお、繰り返しますが、以上の五対策は、「八割自粛」の「代わり」として提案しているもので、コロナが撲滅されない限り必ずしも常に、この五つの対策を徹底推進すべきだ、と主張しているものではありません。例えば医療崩壊のリスクがない状況なら、これらのすべてを推進する必要はなく、それぞれを緩和的に実施することも可能です。

④COVID-19については、「抑圧」戦略より「緩和」戦略の方が被害が圧倒的に低い

さて、この五つの対策は、すべてあわせても「全員の社会接触の八割削減要請」よりも圧倒的に「社会経済的コスト」が低いのが特徴です。

なぜなら、以上の五つを徹底しても、健康な非高齢者は、カラオケや飲食中の会話を自粛し、手洗い、うがい、マスク着用などを徹底すれば（夜の繁華街の飲食・風俗店を除けば）、基本的な社会経済活動をすべて継続できるからです。

また、これらの三．四．は、感染がそれほど広がっていない地域では、許容する集団サイズを（例えば、三人以下、五人以下、十人以下、二十人以下等と）段階的に設定する、という基準を設けておけば、感染リスクをほとんど上げることなく、経済活動を大きく駆動させることが可能となります。

だから、この「五つの対策」を採用すれば、ＧＤＰつまり国民一人一人の所得の下落を、このコロナ下において「最小化」することが期待できるのです。これが、この「緩和」戦略の第一のメリットです。

もちろんこの「五つの対策」を図っていても、基礎疾患のない若者の間で一定水準で感染が残存し続ける可能性がありますが、一．の「コロナ弱者の保護」を通して、死者数を最小限に抑えることができます（繰り返しますが、それだけで、死者数を数％に抑制可能となるからです）。結果（重症者を抑制でき）、医療崩壊リスクも最小化できるのです。これが、この「緩和」戦略の第二のメリットです。

しかも、この五つを完全に奨励しても、感染を「ゼロ」にすることはできませんが、それは「八割の接触削減」戦略でも感染リスクが減少する「だけ」で、感染は「ゼロ」にはならないので、同じと言えます。むしろ、上記の一．三．四．は、状況に応じていくらでも「厳しい」水準で推進できるため、状況によっては、「八割接触削減」戦略よりも、感染リスクをより低減することも期待できます。

そもそも、「八割接触削減」戦略は、どういうシチュエーションで感染リスクが高いのか、あるいは、低いのかという条件を「一切」無視した戦略であるが故に、感染リスクの抑制において著しく「不合理」である一方、感染リスクの高いシチュエーションが何かを同定してから、そのシチュエーションだけを重点的に「抑え込む」ために、「合理的」「効率的」に感染リスクを低減させることができるのです。

しかも、「八割接触削減」という「抑圧」戦略は、「感染症と闘う限られた戦力／エネルギー」を全体にまんべんなく投入するため、著しく不効率であり、したがって、「完全に抑圧しよう」とするために膨大なエネルギーが必要とされるのです。九割削減までに投入されるエネルギー量よりも、残り一割をすべて消滅させるためのエネルギー量の方が甚大になり得るからです。

一方で、「五つの対策」からなる「緩和」戦略は、その限られた戦力／資産を効果的に投入していくのみならず、かつ、「完全なる撲滅」を目指さないため必要とされるトータルのエネルギーも、抑圧戦略よりも少なくて済むのです。

したがって、逆に言うなら、両戦略に同等のエネルギーを投入するなら、「抑圧」戦略より「緩和」戦略の方が圧倒的に感染を抑止でき、かつ、その被害を抑止できるのです。

そして最後に（これが実は最も重要な点なのですが）、こうした若者の間の罹患者を少しずつ拡大していく方略をとっておけば、抗体を持つ人口割合を、医療崩壊と経済崩壊の双方を回避しつつ、徐々に上げていくことができるという可能性も考えられます（抗体の詳細についてはもちろんさらなる研究が必要ですが、「可能性」も考えられます）。

そうなれば、「抑圧」戦略下で大なる可能性で危惧《きぐ》される「感染拡大→（抑圧）→収束→感染拡大→（抑圧）→収束→…」という無限ループを回避しつつ、日本人全体に「効率的」に集団免疫を付けさせていくことが期待できるのです。そうなれば、何の政策を展開しなくても、自然に感染は収束することになります。これが、第四番目の、そして最大のメリットです。

⑤緊急事態宣言の「緩和」のタイミングこそ、「抑圧」戦略から「緩和」戦略への絶好の転換時点である

以上、「緩和」戦略が「抑圧」戦略よりも圧倒的に効果的である論拠を述べました。ご一読いただいた皆様はどうお考えになるでしょうか。

当方は、この問題についてそれなりに長い時間をかけて考察し、新型コロナウイルスの

毒性や特性を踏まえた時、「抑圧」戦略よりも「緩和」戦略の方が、あらゆる側面で圧倒的に優越していると確信しています。

なお、新型コロナウイルスについての新しい性質が明らかになれば、五つの戦略を微調整していくことはもちろん必要になるでしょう（例えば、この論説を記述した令和二年四月の時点以降の実績から、当該ウイルスの空気感染リスクはここで想定していた時点よりもさらに低い可能性が、九月時点で指摘されるに至っています）。しかし、それは、「緩和」戦略の不当性を証明することになりません。なぜなら「緩和」戦略とは、敵の性質を的確に見定めながら、効果的な対策を限られた資源と情報の下、最善を尽くして対策を図ろうとする態度そのものを言うからです（ただし、万一、変異してさらに毒性が強くなったことが分かれば、「抑圧」戦略を徹底していくことが必要になるでしょう。なぜなら、そうなれば、そのウイルスは人目をさけて潜在することが難しくなるからです）。

筆者がここで主張したいのは、西浦教授たちのグループによる取り組みと「併せて」、以上に述べた「緩和」戦略的要素を「織り交ぜていく」ことが、合理的なのではないかと考えているのです。

そもそもこれは、新型コロナウイルスとの「戦《いくさ》」です。そして、「戦」に勝つには、「敵を知り己を知れば百戦殆《あや》うからず」という態度が求められているのです。

これはつまり、敵の特徴、己の特徴をしっかりと認識し、それに併せて臨機応変に戦い方を考えることができれば、必ず戦に勝てるが、そういう臨機応変さをなくせば必ず戦に負ける、という格言です。

だから、この格言に従うのなら、敵の特徴を無視し、これまで「クラスター潰し戦略」が成功してきたからということで、それに固執し続けるような態度では、戦には勝てないのです。

だから筆者は、この新型ウイルスに関しては、より柔軟な対応を図ろうとする「五つの対策」を基本とする「緩和」戦略が得策なのではないかと考えているのです（なお、ここで論じた内容をさらに精緻《せいち》化してとりまとめた提案書を、令和二年七月に提案しています。本書第6章をご参照ください）。

（『編集長日記』2020・4・18）

「コロナを駆逐すべし！」と叫ぶ「専門家」が生み出した、「感染者への迫害」という暴挙

（前節でも述べた抑圧戦略と緩和戦略に対応するものですが）感染症対策には、二つのタイプ

があります。一つが「撲滅」戦略で、もう一つが「被害最小化」戦略です。

「撲滅」戦略とは、まさにウイルスが人間の努力によって「撲滅できる」「駆逐できる」と考え、それを目指す方略。徹底的に社会経済活動を停止して感染者を減らすと共に、感染者が見つかれば、彼らを隔離すると同時に、その濃厚接触者やそのまた濃厚接触者たちをしらみ潰《つぶ》しに調べ上げ、感染者が見つかれば隔離する、ということを繰り返し、ウイルス撲滅を目指します（俗に言う、クラスター潰し、です）。

一方で、「被害最小化」戦略は、ウイルスは（少なくとも容易には）撲滅できないという前提に立ち、その被害を最小化しようとする戦略です。その具体的な対策内容は、高齢者等の徹底保護や徹底換気、そして、社会接触時の「接触感染リスクの徹底低減」等からなる「五つの対策」です。

ちなみに、感染症対策の議論では一般に、前節で述べた「抑圧」戦略と「緩和」戦略と呼ばれるものに対応します。が、「緩和」戦略というと、ほとんど何も考えずに感染症を広めていこうと考えるものだと勘違いする人がいますので、ここでは「被害最小化」戦略と呼ぶことにした次第です。

そして、今の日本の感染症対策もまた、ご多分に漏れず「撲滅（抑圧）」戦略を採用しています。

多くの国民は、これからどうなるのかよく分からないけれど、何となく、このまま自粛を続けていれば、この世からウイルスが早晩、なくなっていくのだろうと漠然と認識しているようです。

しかし、その認識は完全に甘いのです。繰り返しますが、致死率が非常に低く、かつ、無症状の感染者がおおよそ半数を占めると言われているのが、今回の新型コロナウイルス。だから、どこまでも抑え込もうとして、クラスター対策班が頑張っても、それは土台無理なのです。

首都圏では相当程度の方々が既にコロナに感染していることはどうやら間違いなさそうです。中には、「一月か二月頃にコロナにかかって、もうなってしまって陽性反応が出なかった」という人もいることを考えると、実は首都圏の一割程度の人々が既にコロナに感染しているのかもしれません。これでは、八割社会活動を減らそうが、感染は完全にゼロに収束していくとは期待できないでしょう。さらに、家族内での感染も進んでいるわけですから、どれだけ外出自粛しようが、感染者を「撲滅」することはほぼ不可能と考えざるを得ません。

しかし、それでもなお、多くの人々は、ほとんど何も考えずに、新型コロナは「抑え込めば駆逐できる」と何となく、漠然と認識しているようです。

第一に、厚労省のクラスター対策班の西浦教授はTV等で、自分たちのクラスター対策が成功すれば、ウイルスをすべて抑え込めるはずだという主旨のことを、断定的に公言しています。つまり、彼は、完全に撲滅できると本気で信じているのです（この点については次節で詳しく説明します）。

第二に、政府もまた、いずれは駆逐できているだろうと漠然と認識しています。それが証拠に政府の（令和二年三月時点で策定した）百八兆円の予算は、「コロナ後」において、「V字回復」することをイメージした「Ｇｏ Ｔｏ Ｅａｔ」や「Ｇｏ Ｔｏ トラベル」が含まれています。自民党や政府の人たちは要するに「この自粛を続ければ早晩、ウイルスが駆逐できるんだ」ということを、漠然とイメージしているにほかならないのです（その後の七月、感染が一定拡大しているにもかかわらずＧｏ Ｔｏトラベルは実施されました）。

第三に、ＴＶのワイドショーのキャスターやコメンテーター、さらには、芸能人やスポーツ選手の多くもまた、政府の「八割社会接触削減」を続けていれば、そのうち、ウイルスがいなくなって、前みたいな生活を始めることができるだろう、と漠然と考えているようです。だからこそ彼らは、「国民一丸となってやり抜こう」「とにかく、外出は控えてください！」というようなことを臆面《おくめん》もなく言い続けているのです。

そして第四に、そんなＴＶを朝から晩まで見ている一般国民たちもまた、つらい自粛を続ければウイルスは駆逐できると、何となく漠然とイメージしているのです。つまり、政府与党もＴＶ関係者も国民も皆、「ウイルス駆逐」だけが出口なのだと漠然と認識しているのです。

その証拠が、過剰なまでの「コロナ感染者イジメ」です。

私の知り合いのある地域では、その県でコロナ感染者第一号となった方の自宅に、「投石」があり、徹底的にいじめ抜かれ、引っ越しせざるを得なくなったようです。私が住む京都でも、大きなクラスターを出してしまった京都産業大学は、徹底的に虐《いじ》め抜かれてしまいました。

他の国でこういうコロナ感染者イジメがあるのかどうか知りませんが（多分、あったとしてもここまで酷《ひど》くないのではないでしょうか）、こうしたイジメがはびこるのは、次のような社会的心理が働いているからにほかなりません。

（一）多分、コロナは駆逐できるのだろう（エライ先生がそう言っているし、政府もそれが正しいと言っている）。そしてそうなれば、去年までのように、普通の暮らしを続けることができるだろう。

（二）でもコロナが駆逐できなければ、普通の暮らしを続ければきっとまた、感染が増えてしまう……だから、コロナ駆逐ができない限り、普通の暮らしなんて始められない。

（三）コロナを駆逐するには、全員が一致団結して、感染しないように気をつけなきゃいかん。逆にいうと、一人でも「裏切り者」が出て感染「してしまいやがったら」、結局、コロナ駆逐ができなくなる。だから、そういう「裏切り者」が一人でもいる限り、自分たちは普通の暮らしを始められない。

（四）だから、「感染者＝裏切り者」は途轍《とてつ》もなく悪い奴《やつ》だ、ということになる。つまり、人々は感染者に対して、「オマエのせいで、俺たちは普通の暮らしができないじゃないか。みんないやいや自粛してるのに、オマエも自粛しろよ！」と憤り、石を投げる。

ここでもし、「ウイルスなんて駆逐できないんだよ」という認識が共有されていれば、ここまで全国民がヒステリーになって、感染者に石を投げるなんてことはしないでしょう。なぜなら「駆逐できない」ということは、すなわち「ウイルスに罹《かか》っている人が普通にいるのが当たり前だ」と考えることに等しいからです。そう考えてさえいれば、感染者を迫害するのではなく、ただ普通に「かわいそうに」と思うに違いありません。それは、交通事故に遭ったり、がんになったりする人に対して「気の毒に」と思う心情となんら変わらなくなるのです。

しかし、コロナに関してだけは「駆逐できる」ということが前提になっており、しかも、それを「国民一丸となってやろう」ということになっていて、それを総理や知事や有名人たちが皆こぞって言っているわけですから、ほとんどの日本人の頭の中は完全にそうなってしまっているのです。

いわばもう、戦前の日本やドイツ国民のように、ある種の集団催眠状態、あるいは政治哲学的に言うと「全体主義」と呼ばれる状況の中に、人々の精神が埋没してしまっているのです。

集団催眠状態になって感染者に石を投げたり、イジメ抜く奴らは、もう人間ではないと思います。繰り返しますが、ウイルス駆逐は、数カ月では絶対に無理なのです。

我々は、「頑張ればウイルスを駆逐できるのだ！」という誤った思い込みを捨てねばなりません。「いやだけど、どうやら新型コロナは消えてなくならないようだ。だとしたら、その被害をできるだけ小さくするように努力しないといけないよな」というように考え始めねばなりません。その態度は、地震や台風に対する日本人の態度そのものではないですか。

どれだけ努力しても、地震や台風はやってきます。それと同じように、どれだけ努力してもコロナは消えてなくならないわけで、そのための「防災、減災」「強靱化《きょうじんか》」を果たさねばならないのです。

（『編集長日記』２０２０・４・24）

「西浦戦略」の徹底的な批判的検証が必要です

四月上旬から緊急事態宣言に入り、国民は「八割接触削減」が政府から要請されました。北大（現・京都大学大学院）の西浦教授が行ったシミュレーション計算の結果、今の日本の感染者数の拡大を抑制するためには、数割程度、接触機会を減らしたところでは足りない、八割くらい抑制しなきゃダメだ、ということが示されたからです。

感染が爆発していくことは、国民が皆怯《おび》えていますから、エライ学者さんがそういうなら、しかも、総理大臣も直接そうしろと言っているのだから、八割接触自粛するのも仕方ない……ということで、実に多くの国民が活動を自粛したわけです。

では、いつまでこれを続ければいいのかというと、西浦教授本人は次のように言っていました。「一日当たりの確定患者数が十人程度の場合は東京都内でも接触者を十分追跡できていたので、そのレベルまで下げたい」

僕はコレを見た時、怒髪天をつきました。「日本国家は学者のおもちゃにされている、このままだと、日本は一教授に潰されてしまう」と、直感というか、確信したからです。ここではなぜ、筆者がそう感じたのか説明しようと思います。

まず、西浦教授は政府の「クラスター班」の先生です。クラスター戦略とは「感染者を見つけると、その濃厚接触者をしらみ潰しに探して隔離、新しい感染者がまた見つかったらその濃厚接触者を同じくしらみ潰しに探し隔離する」ということを永遠に繰り返す戦略です。

西浦教授は、いろんな発言をされていますが、上記の発言は明らかに「接触者を、自分たちクラスター班が十分追跡できるような状況をつくりたい」と言っているわけです。で、それができれば、ウイルスは撲滅＝駆逐できると考えているわけです。

もう既にここで、「おいおい、自分がやりたいことのために、日本の国全部を巻き込んでるのか」とツッコミを入れたくなってしまいますが、その前に、もう少し詳しく考えてみましょう。

西浦教授は「八割接触削減」をやっている対策を踏まえつつ、別のところで次のように言っています。

「目標は、基本再生産数を一未満に抑える対策を見つけ出すことだった」「クラスター対策の第二弾みたいなものを感染者が減ったところでスタートする。それができれば、この流行とうまく付き合いながら、ゴールが見えてくると思っている」

基本再生産数というのは、一人が何人に感染するかというものなのですが、これが一を切ると、そのうち、感染は自然に収束していきます。

これらを踏まえると、西浦教授は要するに「自粛を強化するのと、自分たちのクラスター対策の双方を通して、基本再生産数を一以下にする。そして、感染者数を収束させ、クラスター対策の実効性をより向上させ、最終的にゼロにすることを目指しています」と言っているわけです。

しかし、この方法をやろうとすると、ものすごく被害が大きくなるのです。

【西浦戦略が被害を拡大させる理由一：出口がない、仮にあっても凄く遅い】

そもそも、西浦戦略は「東京で一日十人前後の新規感染者数だ、というのが、一週間くらい続く」ことを前提としています。つまりそれは、三月上旬から中旬くらいの状況です。今のような状況で、これが「十人前後」に収まるには、どれくらいかかるか分かりません。

しかも、PCR検査を拡大させています。その結果、感染者数は、十人前後になるのなんて、ずっとずっと先になることは明白です。下手すると、ずっと無理かもしれません。東京には一千万人の人がいるのです。

また基本再生産数が一を切らない可能性だってある。そもそも西浦教授のシミュレーションはPCR陽性患者に対してやっているはずで、潜在的な患者数に対してのものではないはずです（というか、そんなこと、データがないからできるはずがありません）。

つまり、西浦戦略は、出口がない可能性がある、あっても、途轍《とてつ》もなく先の話だ、ということになるのです。

【西浦戦略が被害を拡大させる理由二：出口があっても、再び感染爆発する】

西浦戦略の第二の問題は、「出口後の戦略に乏しい」という点です。

西浦教授は次のように発言しています。

「出勤は五〇％削減に戻す、二〇％削減に戻す、というように少しずつステップを踏みながら実施していく」。つまり、接触頻度を下げることだけ言っているわけです。接触機会を減らすことだけを語っているだけで、接触する時にどうすべきかがほとんど議論されていません。

しかし、我々が提唱している「五つの対策」は、感染ルートがどういうものかを科学的に考えた上で、重点的に配慮すべき行動を定義しています。つまり、「目鼻口を触らない／手を洗う」「部屋では換気を徹底する」「食事中の飛沫には注意する」。

だいたいこの三つを注意するだけで、空気感染も接触感染もほとんど回避できるのですが、この程度の簡単な話も議論されていない。だから、西浦戦略のままでは出口の後、感染が確実に拡大します。

そもそも、このウイルスは弱毒性故に、無自覚感染者が大量にいるので、すべてを拿捕《だほ》することはほぼ不可能なのです。そうなると、出口直後は、クラスター潰しがおおよそ可能かもしれませんが、数週間、一カ月もすればすぐに、クラスターが追えない感染者が増えてくるのは明白です。そして実際にそうなりました。

そうすると、（西浦戦略に従う限り）再び「八割おじさんパート2」をやり始めるほかなくなります。

そうなれば、経済は再び激しく疲弊し、倒産、失業、犯罪、自殺が増えることになります。

また、感染爆発の時に再び制御不能になって、医療が崩壊するリスクも高まり、感染者数を増やしてしまいます。

したがって西浦戦略は、至って効率の悪い、愚かな戦略と言わざるを得ません。

以上は、西浦教授の発言から伺い知ることのできる彼の戦略を「西浦戦略」と呼び、それ「だけ」で今後対応したとしたら、どんな問題があるかを考察したものです。

そしてその考察の結論は、西浦戦略は、絶対に修正されねばならない、さもなければ、経済が激しく傷つくのみならず、感染者数も爆発するリスクが高い、というものです。

もちろん、当方に間違いがあるなら、ぜひ、反論を受けたいと思いますが、今重要なのは学者同士の論争ではありません。重要なのは、感染死、自殺などすべての意味で、国民の被害を最小化するために何が最善かという「実務的」議論なのです。そして、西浦戦略に不合理性が高いと改めて判断できたのなら、例えば筆者が提案している「五つの対策」（高齢者等の保護、屋内換気、飲食・カラオケ・性風俗の感染対策、目鼻口を触らない、マスク・手洗い）を基本とした対策、あるいは別の言い方で言うなら、（次項で解説する）「防災」的発想ではない「減災」的発想に基づく対策を具体的に検討し、実践していくことが必要とされる筈なのです。

我が国でそうした合理的かつ実践的な議論が展開されんことを、心より祈念いたしたいと思います。

（『編集長日記』２０２０・５・１）

「防災」から「減災」へ発想を転換せよ

我が国の感染症対策の根幹にあるのは、「クラスター対策」です。緊急事態宣言が解除された直後、その時点からの感染症対策について、西村経済再生担当大臣は「小さな流行が起こった時、クラスター対策などでしっかりと（感染経路を）追いかけ、封じ込めなければいけない」と明言しています。つまり、政府はこのウイルスをクラスター対策で「封じ込める」＝「駆逐する」ことを狙《ねら》っているわけです。

この政府方針に大きな影響を与えたのが、西浦教授であることは間違いありませんが、より具体的に言うなら、その背後にいる医系技官たちの組織的な医師も重要な要素です。

私は、これは日本の将来にとって、極めて憂慮すべき深刻な問題であると考えます。なぜなら、このウイルスについては「封じ込め」ができない可能性が極めて高いからです。

そしてその結果、政府がこのクラスター対策に固執すればするほどに経済や社会が壊されると同時に、肝心の感染拡大抑制にも失敗し、感染死も増大するであろうと考えています。

私はだからこのウイルスについては、クラスター対策による「封じ込め」ではなく、封じ込めることができないという前提の上で「かしこく付き合う」方法を探り、その被害を「最小化」することが必要だと考えます。

こうした発想の転換は、当方が長年従事してきた「防災行政」において、近年特に言われるようになってきた「防災から減災への転換」と同じものです。

「防災」は当初、読んで字のごとく災いを防ぐ、つまり、災害の発生を抑え込み、被害を「ゼロ」にしようというもの。しかし、東日本大震災や超巨大台風の襲来などを経て、行政も国民も、そうした災害を「防ぎきることは無理だ」と気づき始めたのです。

そして、さらには、「防ぎきるつもりでいた時に、防ぎきれなければ、かえって災害が大きくなる」という逆理が存在することにも人々は気づいていきました。堤防さえ高くしておけば防災できるだろうと安心している中、堤防が決壊してしまえばたくさんの人が死んでしまったということが繰り返されたのです。

そしてその結果、重視されるようになったのが「被害をゼロにするのではなく、できるだけ小さくすることを目指す」という「減災」の発想だったのです。

こうして、戦後日本は、防災から減災へと、夥《おびただ》しい数の犠牲を繰り返しながら、その災害対策の方針を転換させてきたのです。

当方は、この発想の転換が、新型コロナウイルス対策にも必須だと考えています。

そもそも、クラスター対策は、典型的な「防災」の概念です。

その災いの元であるウイルスを「根絶」させ、完全にその災いを「防」ぎきり、人々がウイルスのことなんて何も気にしないで生活できるようにさせてあげようとする発想だからです。

実際、厚生労働省は、ウイルスが存在するという前提で、社会や経済をどう回すかという発想が極めて乏しいという問題を抱えています。もちろん彼らは「新しい生活様式」なるものを形式上は提案していますが、その内容は極めてお粗末なものです。

この「新しい生活様式」を採用すれば、社会的距離を常に確保せねばならなくなり、公共交通も映画も劇場も食堂も皆、平常営業ができなくなり、多くが倒産することは必至です。しかも、感染被害防止（つまり減災）の視点から絶対必要な「飲み会／カラオケ／性風俗」の自粛あるいは、それらにおける徹底的な感染症対策は書かれていないし、「目鼻口を触ることを禁止する」ことも書かれていないのです。

さらには、「病院内のクラスター」や「高齢者施設のクラスター」に対する対策を徹底するという方針は明確に打ち出されてはいません。

これはいわば、今の厚労省が、かつて「堤防さえ造れば良い」と考え、万一堤防が決壊してきたときの避難態勢について十分考えてこなかった、という古いタイプの「建設省的発想」に立っていることを意味しています。つまり堤防を造る（＝クラスター対策をする）ことには一生懸命だが、それが決壊する（＝感染が広がる）ということが起こった時の対策については、「適当」にしか考えられていない状況にあるわけです。

その結果、クラスター対策が失敗すれば、瞬く間に感染が拡大してしまう、という情けないことになってしまうのです。

そして、そうなった時、人々は再び「パニック」に陥り、大なる可能性で再び「緊急事態宣言≒準ロックダウン状況」となってしまいます。そうなればもちろん、倒産、失業が増え、自殺者も増え、その結果、社会全体の被害が拡大してしまうことになります。

つまり、「防災」が完璧にできるのなら、防災だけやって減災の手を抜いてもいいのですが、「防災」が完璧にできない状況なのに防災だけに固執して減災をやらなければ、かえって被害が拡大するのです。

そして、新型コロナウイルスは、完全に防ぎきることが、著しく困難なリスクなのです。なぜなら、無症状感染者が、半数前後にも上るということが分かっているからです。というか、実際、既に一度、クラスター対策が「失敗」して、緊急事態になったのです。既に失敗した実績があるのですから、今後も失敗すると考えるのが妥当な判断というものでしょう（そして実際、第一波が収まってからほどなくしてから、実際に第二波が生じたのは周知の事実です。つまり、クラスター対策で制御できると考えていた水準にまで感染を抑制していたにもかかわらず、クラスター対策だけで制御することはできなくなってしまったのです。すなわちこの論説執筆時点で予期していた通り、厚労省クラスター班の目論見は外れてしまったわけです）。

人類というものは、これまでも愚かなことを繰り返してきました。防災研究に長年従事し、防災から減災へと転換しなければ、もっと多くの人が死ぬことが分かっていて、それを伝えようと努力をしても人に伝わらず、結局はこちら側でイメージしたとおりの事態が生じてしまい、人がたくさん死んでいく、というのを目の当たりにするのは、とてもつらい思いがします。

学者というのは、霊的なものではありませんが、学術的見識をもって将来を見通す職業です。その意味において、理論的な予言者としての役割を担うべき存在なのだと思います。この悲しみは、そうした予言者的役割を担う存在にとって常につきまとうものなのだろうと思います。

もちろん、この当方の「読み」が独善的なもので、すべて間違っていたとすれば、それは学者としてとても恥ずかしい話ですが、一人間としてはとてもうれしいことだと思います。

しかし、どう考えてみても当方の「読み」が外れるようには、思えないのが実情です。そう思うと、この当方の懸念を皆に伝えられない自らの表現能力の乏しさ、社会的影響力の少なさに心底絶望的な気分に陥ります。

少なくとも、読者の皆様方におかれましては、典型的な「防災思想」にとりつかれた、間違った古い思想によって、多くの人々が死ぬことになるのだという当方の懸念について、思いを馳《は》せていただきたいと思います。そして、そうした思想の転換（ピボット）を、感染症対策において生じさせるために、一体何が必要なのかをぜひ、ご検討いただきたいと思います。

思想のピボットが必要なのは、財政や改革、グローバリズムについてのみではないのです。感染症の世界においても、「防災から減災」への思想ピボットが求められているのです。実際に、地震や洪水などの自然災害において、そのピボットが起こったのですから、起こせないはずはないのです。

（『編集長日記』２０２０・５・15）

コロナ禍は「人災」である

「接触八割削減」という大雑把な目標がいかに社会的に不合理なものか。経済崩壊を起こして自殺者が出てから気づいても遅い。稚拙な政策は今すぐ改めよ！

対談 宮沢孝幸（京都大学ウイルス・再生医科学研究所准教授）×藤井聡

「外出中は鼻くそはほじるな、口に指を入れるな」というツイッターが大ヒット

藤井▼宮沢先生には、当方がユニット長を務める「京都大学レジリエンス実践ユニット」にこの四月一日から正式メンバーにもご着任いただき、前にも増していろいろとこの感染症の問題

宮沢孝幸（みやざわ・たかゆき）

1993年、東京大学大学院農学系研究科博士課程修了（短縮）、博士（獣医学）。グラスゴー大学博士研究員、東京大学助手、ユニバーシティ・カレッジ・ロンドン客員研究員、大阪大学微生物病研究所助手、帯広畜産大学助教授を経て、2005年より京都大学ウイルス・再生医科学研究所准教授。専門は獣医ウイルス学、レトロウイルス学、内在性レトロウイルス学。病原性ウイルスのみならず非病原性ウイルスも研究対象としている。

について日々ご相談させていただいているところです。宮沢先生は感染者数が拡大していった三月頃、「二十一万いいね」を記録したツイートを出されました。ご紹介すると、「考えをひっくり返せ！　移らんようにするより、『移さんこと』に意識を集中する」「外出中は手で目を触らない、鼻を手でさわるな、ましてや鼻くそはほじらない。（かくれてやってもダメ！）　唇触るのもだめ。口に入れるのは論外。意外と難しいが、気にしていれば大丈夫！」「ウイルスが百分の一になれば、まず感染しない」「人と集まって話をする時は、マスクしろ。他人と食事する時は、黙れ。食事に集中しろ！」「酒を飲んだら、会話するだろ。大声になるだろ。それが危険なこと分からんやつは、とっとと感染しちまえ。一カ月会社休んで回復したら、みんなの代わりに仕事しろ。ただ、じいちゃんばあちゃんの前には治るまで絶対出るな」「たった、これだけ！　これだけで感染爆発は防げる」「いつかはお前もかかる。かかった時助かるように、いまからなるべく栄養つけろ。よく寝ろ。タバコはこれを機にやめろ」。これは感染させないためのエッセンスがすべて詰まっているツイートです。これが一気に広がりましたね。

宮沢▼その頃に、感染爆発になったらやばいから、抑えにかからなきゃいけないと思ったわけですよ。皆さんちゃんと守ればこのウイルスを何とか制御できるっていうのを伝えるがために、Facebook とかで発信してたんですね。ところが全然伝わらなくて、もう絶望してたわけですよ。三月二十七日の夜に、私も頭にきたというか、もうダメだっていう気分で、夜中の十二時ぐらいに、十五分ぐらいでさっと書いたのがあの文章です。その後これは言い過ぎたなと思ってたんですが、多くのFacebookのフォロワーさんから、これ良かったよ、ということだった。だから同じ内容をTwitterに上げさせていただいたところ、こういうふうに広まったんです。ただ、まだ皆の行動は変わってないですよね。

感染爆発した欧米、しなかったアジア諸国

藤井▼いまだその頃は、中国や韓国等のアジアで感染が広がっているだけで、欧米での感染は初期段階だった。ところがその後、アジアの感染はさして広がらない一方、欧米が一気に感染爆発していった。これは要するに、再生産数（つまり、一人の感染者が平均何人にうつすのか）、特にそのベースの値となる「基本再生産数（R_0）」が欧米とアジアで全然違うってことを意味するわけですが、なぜこんなに違うんでしょうか？

宮沢▼いろいろな要因が考えられて、やっぱり密着しやすい文化とか、サッカー文化が欧州にはあったりとか。後は喋《しゃべ》り方とかも、言語学的なこととか、やっぱり肺活量多いですし、彼らは。つばが飛びやすいとかそういういろいろなのがあって。あとは手洗いの習慣もなかったわけだし、お風呂もそんなに入らないです。僕らはイギリスの時一週間に一遍

ぐらいしか（お風呂〔シャワー〕に）入らないんで、そんなのもあってかなと。

藤井▼それから、当方の知人の医師から伺った一つの仮説が、お箸を使うかどうかも重要じゃないかと。欧米は手づかみでパンを食べるが、日本は基本すべてお箸を使うから接触感染しづらいという説です。それから欧米ではキスやハグが習慣化しているからとか、家族構成が日本では核家族化している一方、ヨーロッパ、特にイタリアでは大家族でおじいちゃん、おばあちゃんと同居しているのが一般的だから高齢者の感染者が増え、重症者・死者が拡大したとか。あと、欧米では靴をはいて部屋に入るとか。こう考えると、ほとんど多くの社会文化条件からして、ヨーロッパの方が東アジア、特に日本よりも感染が拡大しやすいという側面はありそうですね。

宮沢▼あとは、僕は大きな要因はマスク（だと思うの）ですね。飛沫が飛ばなくなりますから。これを皆がしていると、感染リスクは大いに減る。

藤井▼日本は昔からマスクをしますからこれが感染抑止に役立ったという仮説ですね。

「全員一律接触八割自粛」戦略以外にも、経済を傷つけない対策はたくさんあった

藤井▼ところで、感染症対策で特に大事なデータだと思っているのが、年齢階層別の死亡

率の推計値のデータです。それで見ると、若年者は、死亡率は〇・一%程度ですが、高齢者になるとその五十倍、百倍の五%や一〇%という水準になっていきます。もちろん重症化についても同様の傾向がある。中国でもイタリアでも日本でも、皆こういうデータが出されていますが、これはかなり普遍性のある傾向なんですよね?

宮沢▼そうですね。今回のウイルスの大きな傾向で、例えばインフルエンザは若い子供も結構やられるんですけど、今回は子供はほとんどやられてない。まあたまに例外はありますけど、おおむねほとんど影響はない。

藤井▼その例外も、ひょっとすると、見つかっていない基礎疾患があったのかもしれない。

宮沢▼そうですね。

藤井▼今の政府は緊急事態宣言をやって、やたらと接触を八〇%に減らすべきだと言っていますが、この政府はひょっとしてとてつもないバカなんじゃないかと素朴に思いました。そもそも、「感染を広げない」というのが目的なはずですよね。だとしたら、人と人が接触をしても、その接触の仕方によって全然感染リスクは変わるわけですから、「人と会うな!」というだけじゃなくて「人と会う時にはこうしろ!」と言うべきですよね? あるいは「高齢者は危険だから特に会うな!」とかいう言い方もありますよね。そんな話をほとんど何もせずに、ただただ暴力的に「人と会うな!」って言うなんて、政府はこの国を潰す気なのかとすごく憤りを持ったんですけど、いかがですか？

宮沢▼八〇％という数字は、北海道大学（現・京都大学大学院）の西浦博教授のコンピューター・シミュレーションから出てきた数字なんですが、本来なら行動様式を変えれば計算結果も全然変わるし、年齢階層もあるし、もういろいろな要因が複雑に絡み合っているので、ここはもうちょっと頭を使ってほしいと思うんですよね。

藤井▼ほんとそうなんですよね。

宮沢▼八〇％（接触削減）なんて、止められる（できる）わけがなくて。

藤井▼自民党の二階幹事長は、八割接触削減なんて「できるわけがない」って言って、ネット上で大炎上になっていましたが、ある意味正しいわけですよね。

宮沢▼正しいですね、止めたらえらいことになります。

藤井▼例えば基礎的な医療や食料すら、十分に回せなくなるリスクだってある。

宮沢▼しかも、本当に家の中に一カ月八割の人が閉じこもって、どれだけ効果があるのかという問題もある。

藤井▼おっしゃる通りです。海外のロックダウンについての検証記事なんかを見てても、その効果に疑問を呈する記事もたくさんある。一方で、高齢者は死者が多く若年者は少ない、両者の差異は数十倍から百倍以上、という傾向の存在は確実です。だから、シミュレーションで年齢階層別に感染リスク、死亡リスクを設定すれば、全く同じ接触頻度でも死者数は瞬く間に何十倍にも何十分の一にもなる。もっというと、手を洗う頻度、顔を触る頻度、一緒に食事をする頻度、換気をしている頻度等をモデルに入れれば、いくらでも結果は変わってくる。もちろん、細か過ぎるシミュレーションは難しいでしょうが、理論的にいえばそうであることは確実。だから、それらをすべて無視して大雑把に「八割減らせば良い」なんていう結論を導いて、それを全国民にやらせようなんて、僕には正気の沙汰《さた》には思えない。

特に、「接触機会を減らす」ことに伴う被害は何兆円、何十兆円というオーダーになって、自殺者数すら何千、何万と増えていくリスクがあるけれど、手を洗う頻度や目鼻口を触る頻度が変わったところで、誰も損しないし、誰も死なない。

宮沢▼そうなんですよ。その通りです。

藤井▼にもかかわらず、最も被害が大きな「接触頻度」を政策目標に掲げて、それを八割削れということにするなんて、どういう了見だと大変に深い憤りを感じました。それと同時に、その理不尽な政府要請によって苦しめられる国民を思うと、悲しくて悲しくて、なんともやりきれない気持ちになりました。

感染症・医学の専門家たちの「事なかれ主義」発言で、経済社会が激しく傷ついている

藤井▼さらにね、これ僕もう本当に怒髪天を衝《つ》く勢いで憤ったのは、政府系の専門家の数値計算のいい加減さです。ちょっと一般の方には分かりにくいかもしれませんけれど、我々理系の人間にしてみれば、「べき乗」の数値が少し違うだけで、結果が全く変わってくるなんてことは、常識中の常識じゃないですか。

宮沢▼そうそうそう（笑）。

藤井▼だから基本再生産数っていうのは、方程式において「べき乗」のパラメータですから、その想定が少し違うだけで、結論が全く異なったモノになるなんてことは、感染症の専門であろうがなかろうが、理系の研究者だったら、誰だって当たり前のように分かる話です。

宮沢▼それをちょっと変えるだけでずいぶん変わってきますよね。それをね、またさっき言ったように、接触を八割減らせってそんな単純な問題じゃない。

藤井▼そうです、そうです。そもそも、八割減らせという結論は、そのべき乗のパラメータを「二・五」という、ＷＨＯが設定している「最も高い値」を使った場合のものなんで

すよね。でもそんな水準である可能性は万に一つもない。だってそれって、欧州の中でも特に高かったケースの数値で、かつ、さっきも話題に上りましたが、日本は欧州よりも圧倒的に感染速度が遅いんですから、馬鹿が考えても二・五なんて値はあり得ないということは分かるはずです。

宮沢▼安全側の議論として、例えば極端に二・五を想定したら八割減が必要だという結論が出るんだと西浦先生は言ってるだけだともいえるのかなと……だからそれをどう解釈するかはまた総理大臣の判断だともいえるかと。

藤井▼ただ、僕は政府の皆さんと参与時代に一緒に仕事してきましたので分かりますけれど、政治家というのは、よほどかみ砕いて説明しないと何も理解してもらえないものなんです。仮に西浦教授たちの助言を総理大臣が誤解したのだとしても、誤解させた結果、経済が大打撃を受けることになったわけですから、総理大臣を誤解させてしまった罪は重い。特に、内閣官房の参与としてそうした仕事に日々携わっていた当方からすると、学者としてあまりにも配慮の足りない無責任な振る舞いだと感じます。

宮沢▼ただ、理解されないのは総理大臣だけじゃないんですよね、結構なちゃんとした知識人とか、お医者様とかもあまり理解されてないところがあって。

藤井▼確かにそうですね。テレビを見てますと、本当に腹立たしいことが多い。特に、最近よくＴＶに出てくるお医者さんたちの物言いに憤りを感じることが多い。なぜかというと、要するに彼らは「国民を救おう」と思って言葉を選んでるんじゃなくて、「今ここで自分が非難されないようにするにはどうしたらいいのか」っていう基準だけで言葉を選んでいるっていうのが、見え見えなんですよね。例えば、「こうして大丈夫ですか？」と聞かれれば、九九・九九九％大丈夫なことでも、「いや、絶対大丈夫とは言えません」なんて答える医者が多い。そんなことがＴＶで繰り返されているから、普通の社会生活がどんどんどんどん、できなくなっていってしまってるんです。

宮沢▼そうそう、そうなんですよ。

藤井▼例えば若くて基礎疾患がなければほとんど死ぬことはないですよね、なんて言うと、「そんなことは言えません！」なんて言う。こちらは絶対死なないって言ってるんじゃなくて、「ほとんど死ぬことはない」と言っているだけなのに、「コロナを侮ってはいけません」みたいに説教臭いことを言われる。でも、若年層と高齢者で五十倍百倍と致死率が違うってことがデータ上明らかなんだから、そこの違いはちゃんと言語表現しろよ、って思うんです。

宮沢▼だから結局あれですよね、外に出たら交通事故に遭うかもしれないから外に出ない方がいいですよね、っていう話ですよね。

藤井▼それと同じですね。これも宮沢先生とご相談しながら、我々で行ったシミュレーションでもね、六十歳以上だけ完璧な予防対策ができれば、それだけで死者数は二・六％に圧縮できるっていう結果が出てるんです。国民を慮《おもんぱか》るんだったら、こういう計算結果に基づいて、高齢者の保護を徹底的に主張するっていうような医者がＴＶに出てくるべきなのに、ほとんど出てこない。

現場の医師は素晴らしいが、政府の感染症「対策」は、驚くほど稚拙である

宮沢▼あと今ややこしいことは、感染者を全部入院させてたり、隔離してるでしょ。これが医療現場を大きく圧迫している。なおかつ、ＥＣＭＯ（体外式膜型人工肺）にもあまり期待するのもいかがなものかと思います。ＥＣＭＯでやっても助からない方も多いし、仮に助かっても後遺症が残る。

藤井▼しかも、ＥＣＭＯのためにスタッフが十人とか二十人とか必要になる。

宮沢▼それをやるんだったら、限りある医療スタッフを、中等度で助かりそうな人を中心として対応してもらった方が、より多くの命が助かる。だから今回のウイルス騒動を見ていて、僕なんかも、なんでこんなことになっちゃっているのかと思います。

藤井▼僕、日本の感染症対策はもうちょっとちゃんとしてるのかと思ってたんですけど、現実は当方がイメージしてたものよりも遙かに稚拙でびっくりしました。現場の医師の水準は世界的に見て凄《すさ》まじく高いようなのですが、感染症対策の「行政」が惨《ひど》いと感じました。

宮沢▼ちっちゃいところばっかり見てて、それで大きいところを見られてなくて、もろとも死んでしまうみたいな。

藤井▼そうですよね……。

宮沢▼ちっちゃいところを一生懸命ケアしよう、ケアしようとしているうちに、全体がやられてしまうような感じですよね。そもそもこのウイルス、そんなに大きなインパクトはないものなんです。

藤井▼もっと強毒のウイルスっていうのもあるわけですね。

宮沢▼そうです。例えば昔のスペイン風邪もそうですし、明治時代とかは結核が流行《はや》ってたわけですよ。昔は毎年十万人当たり二百人から二百五十人ぐらい死んでたわけですよ。そうすると今の人口に合わせると二十万から三十万人毎年死んでた。それでも社会システムは普通に動いてたんですよね。なのに、今回数万人が死ぬかもっていうことで、こんなに社会が混乱してるのは、何なんだろうと思います。今までの最強のウイルスだとか最強の病原体だとか人類初めてだとか、全然（嘘）ですよ。

藤井▼そんなことあり得ないですよね。十四世紀のペストのパンデミックでは、世界人口の四分の一が死んだといわれてますから、それに比べれば最強だなんて絶対言えないですよね。

宮沢▼この程度でシステムが崩壊する、ってことは、結局これまでつくってきた社会っていうのは、本当に脆弱《ぜいじゃく》で、強靱性《きょうじんせい》（レジリエンス）がものすごく低いものだったんだなと。まあ東京一極集中もそうなんだけど、電気に頼りすぎている生活とか、金融システムが（実体経済からはずれて）コンピューターで制御されているとか、そういうのでレジリエンスが下がっているので、今回それが露呈しちゃったなと。本当にこの程度で混乱するっていうのは、情けない。後々にきちんと検証しなきゃいけないですよね。

で、政府や社会の対応といえば、細かなところにいきすぎちゃって、全体を見ない。例えば今回でいうと直接死ばっかり考えてて、例えば今回医療崩壊したら、がんの人も助からなくなってくるわけですよね。経済崩壊で自殺者も増える。それを全部包括的に考えて、どれをどうすれば一番最適に最小化できるのかっていうことを考えないといけないのに、そんな話をすべて度外視して、新型コロナウイルスの感染抑止だけを考える状況にある。

感染症対策にはリスクマネジメントや獣医学、衛生学の「マクロ」の視点が不可欠

藤井▼さらにいうと、「人口ピラミッド」（年齢階層別人口の棒グラフ）という概念がありますが、昔は「ピラミッド型」だったのが、今はだんだん「逆ピラミッド」になってきた、って小学校でも習いますけど、なんでかつてそうだったのかっていうと、高齢者の方が亡くなる確率が今よりもかつての方が高かったからです。ということは、この新型コロナが流行したら、逆ピラミッド型の人口分布が、かつてのピラミッド型に「若干近づく」ということになるわけです。高齢者の数％から一割程度が亡くなる一方で、五十歳以下はほとんど死なないわけですから。

宮沢▼今回は、これから次代を担っていく若い人たちにはそんなに影響がないっていうのは不幸中の幸いで。これは私からしたら乗り越えられる（ものです）。

藤井▼もちろん高齢者の命も大切ですから、そこだけめちゃくちゃプロテクトすれば、ほぼ全員の命をコロナから守れる、っていうことになる。

宮沢▼そうです、そうです。

藤井▼それで若い人たちの間でゆっくりと感染が広がっていってしまう状況になって、で、

抗体の有効性が期待できるなら、いわゆる集団免疫が形成されていけば、早晩、基本再生産数が一を下回って、自粛など何もしないままに感染が収束することになる。

宮沢▼だから、高齢者を保護しながら、若い人を街に出させた方が、早く収束するんじゃないかっていう可能性もある。

藤井▼もちろんそれで人工呼吸器が必要な方が出てくれば、そういう方たちを手厚く治療していくことが必要です。残念ながらそれで亡くなる方も出てくるかもしれませんが、交通事故で若い方が毎日亡くなっているのも事実。にもかかわらず、自動車社会をそのまま放置しているのが我が国なわけですから、そういうリスクとのバランスも勘案しながら、コロナ対策を考えていかないといけない。

そう考えると、リスクマネジメントをやる人が医学の人の意見を聞いて全体のトータルを考えたり、あるいは宮沢先生のように獣医学・ウイルス学を「マクロ」な視点から研究されている方の意見を重視するとか、そういう視点が不可欠だと思います。

宮沢▼そうですね。よく宮沢は医者じゃないんだから黙っとけとか言う人がいるんだけど。

藤井▼そもそも僕らだってホモサピエンスという「獣」ですからね。

宮沢▼そうです（笑）。そもそも今回のウイルスだって、人獣共通感染症なんですね、動物から来る。これはお医者さんの領域っていうよりは獣医の領域。僕も実は公衆衛生学も教えてたんです。

藤井▼なるほど。実は我々の「土木工学」の中にも「公衆衛生工学」って分野があるんです。医学系の公衆衛生学は「人間」から衛生を語る一方で、我々は、都市空間から衛生を語るっていう意味での差はありますが、双方とも同じ問題を扱ってるわけで、そういう意味では非常に近いですね。

コロナ禍は、不真面目な政治・世論による「人災」である

藤井▼これから政策として、先生、どうされるのがいいと思われますか？

宮沢▼ちょっと悲観的になっちゃってるんです、僕は。今までの状況を見てると、やっぱりもうダメだなって。けど、それを言うと皆さん、「宮沢には明るい未来を描いてほしい」って言うんですが、ここ一月から四月までの動き、政府の動きとか、国民、一般の方々の動きを見てると、かなり悲観的にならざるを得ない。

藤井▼そうですね、その気分は僕にも濃厚にあります。だからそういう意味では人災ですよね。

宮沢▼人災ですよね。

藤井▼だって例えば私どもがまとめたレポート（京都大学レジリエンス実践ユニット**「リスク・**

マネジメントに基づく『新型コロナウイルス対策』の提案」）での提案を真面目に政府がやれば、死ぬ方っていうのは一％ぐらいに抑えられるんだけど、どうやら政府はそういうまっとうな対策を目指そうという気配はない。

宮沢▼もちろん、「最適解」を見つけるのにいろいろと試行錯誤はせんといかんでしょうけど、そこを「目指す」ことはできますよね。でも最適解を見つける努力をしてないですよね。

藤井▼しかも、「目鼻口を触らない」ってのと「換気する」ってこと、そして、話す時はマスクするってことを徹底すれば、経済を全く傷つけずに感染者を減らすことができる。しかも、高齢者や基礎疾患者など、特に弱い方の予防をもっと強化すれば死者数も激減する。そういう努力をなすべきだとどれだけ言っても、政府は全然動かない。一般の人の中にも「そんなの無理だよ」って言い出す。

でもそんなの絶対できます。これだけ皆が手洗いするようになったのは、朝から晩までTVで手を洗いましょう、って言い続けたからです。だったらそれと同じように「鼻と口は触らないようにしましょう」ってPRしまくれば状況は絶対変わります。高齢者の保護だって「そんなの現実的じゃない」って言う人が多いけど、今よりも高齢者を「相対的」に保護していく現実的方法なんて何十何百何千とある。でも、その努力を全然やろうとしないで「無理だ、無理だ」って言うのを見てると、勉強する前から諦《あきら》めてだらだらゲームばっかやって全然勉強しないダメな子供を相手にしているような気分になる。ホント、大人になっても人間ってここまでダメなんだなぁと心底残念に思います。

宮沢▼だいたい、基本的な感染がどうやって起こるかっていうのを皆分かってないんです。手洗いだって十秒ぐらいでもいい。石鹸でやればそれはベストですけど、それがイヤなら水だけでもいい。ウイルスが一個付いたところで感染しないんですよ。仮に手に百万個付いてたとしても、十秒ぐらい洗ったら百万個が一万個ぐらいになりますよ。

藤井▼つまり、「一〇〇パーセントの安全」を目指すんじゃなくて、できるだけ感染しないように努力を積み重ねましょう、っていう話ですよね。そもそも、ちょっとくらいならウイルスが入ってきても、免疫システムがあるからそれだけでは罹患《りかん》しない。そもそも私たちの体の中では常に、私たちの免疫システムがいろんなウイルスとせめぎ合っているわけです。

宮沢▼仮にウイルスが鼻から入っても、肺に行くまでいろんな障壁がある。だから絶対とはいわないですけど（鼻や口から）ウイルスが入ってきても、それが微量だったのならほぼほぼ大丈夫です。ビビってたら世の中生きていけへんよって。

だからちょっとした工夫をすれば、感染も経済も何とかなるのにって思います。

藤井▼ホントおっしゃる通りです。でも、政治家はそういう発想になっていかないんですが……。なんでそうなるのかっていうと、結局、政治家のほとんどが結局は真面目に仕事してないからなんです。そもそも僕は大衆社会論とか社会心理学の研究を二十年以上やってるんですけど、そういう学問が教えてくれるのは、いかに多くの人々が本来の目的ではなく、目先の空気や利益に左右されて振る舞っているか、っていう悲しい現実。現政権はいうに及ばず、今俄《にわか》に人気が出始めている東京や大阪の知事たちにしても、結局コロナや不況から人々を守ろうなんて本気で思っちゃいないっていうのがよく分かります。彼らの言動を見ていれば、単なるスタンドプレーで、大衆の人気取りのために動いているようにしか思えない。だってコロナ禍前に病院や保健所を弱体化させてきた事実や、都合の悪いデータを隠蔽《いんぺい》したりしている事実を見ていれば、その不真面目さは明らかだと思います。

宮沢▼結局、国民の方を向いてないんですよね。自分が責任をかぶらんようにするにはどうかとか、人気取るためにはどうかとか、次の再選がどうとか、そういうことを考えておられるのが見て取れますよね。

藤井▼だからこの危機の時だからこそ、一体誰がウソつきだったのか、どっちの方向を向いて研究してたのか、とかってことが、皆はっきりと見えてくるんでしょうね。

「死生観」の歪《ゆが》みが、リスク「ゼロ」をヒステリックに求める態度を生み出している

柴山▼重症化率、死亡率はとても低く、若年層に限ってもほぼゼロということですが、でも世間の人からするとゼロじゃなくて「ほぼ」ゼロってことで、死ぬこともある、というふうに考えて、恐れてる人が多い。それについてはどう考えたらいいでしょうね。

藤井▼そこは、ある種の「胆力」が必要なんでしょうね。死ぬかもしれないということを、最悪の場合死ぬということを受け入れるための。

宮沢▼僕はもう二月の初めぐらいに、もうこれは、正しく受けるしかない、って思ってました。

藤井▼なるほど、いわば自分のこととしていうなら、半ば死んでもしょうがないって考えたということですね。

宮沢▼そうです、これはもうしょうがない。

藤井▼例えばこの部屋の誰かが感染してるかもしれないし、マスクもしてるし、換気してはいますけど、それでも感染リスクはほぼゼロではあるけど完璧にゼロってわけじゃない。そんなことを分かりながらも、別に僕たちはパニックにならずにここで話してるわけです。

宮沢▼そうそう。このウイルスには絶対罹《かか》らないようにしましょうとか、逃げましょうとか言うけど、絶対逃げられないんですよ。順番に罹っていって、ある程度の感染率までいかないと落ち着かないとすれば、もうこれはどんと構えるしかない。「来るなら来い、来たらもう寝るだけやから俺」って話です。

藤井▼そうそう、僕も全く同じ気分です。罹らないように努力はするけれど、罹ってしまったら後はもう自分の抗体で何とか気合いで頑張るしかしょうがない、って思ってます。

宮沢▼それで運悪く死んじゃったらそれは僕の運命やし、それも魂の修行かなって感じで、極楽浄土に行けるならまあええかなっていう。

死に対する「諦念《ていねん》」があって初めて、感染症対策が科学的で合理的になる

藤井▼ホントそうですよね。しかも、そういうふうな宗教的ともいえる諦めの境地を心の中に持っていれば、逆説的ですが意外と「科学的」にもなれます。絶対罹らないっていう無理な目標を立てると極端なことでもやらない限り絶対無駄になりますが、「死ぬ時は死ぬし、もうしょうがない」という諦念・諦観があれば「リスクを下げよう」というマイルドな目標を落ち着いて立てることができます。そしてそうなれば、さまざまなリスク低減

にとって合理的な対策を粛々と実施していくことが可能となりますものね。今の政府や世論に科学的、合理的な提案が響かないのは、きっとここに原因があるんでしょうね。要するに皆、絶対罹りたくないっていう無理な目標を立ててるから、科学的になれないんですよね。

宮沢▼昔の本とかを読んでると分かるんですけど、結核が流行っていた時に、昔の人たちは、結核に罹ってて体が満足に動けないのに文学やってたり、胆力があったわけですよ。

藤井▼そのうち死にますから、我々ね。僕がうつりたくないのは、僕の母親がうつって死ぬのは避けたいと思うし、母親を殺す権利は僕にはないと思うし、そのためには最善を尽くそうと思う。だけど、どれだけ必死に感染しないようにしても、それでもうつるリスクはある。それは残念なことだけど、しょうがない。ゼロリスクは不可能だからです。

宮沢▼最善を尽くしてダメだったら受け入れるしかないんですよ。僕の父親も、両親ともに施設に入っていて、この前熱が三八度超えててもう苦しそうだったから、これコロナやなと思って、これはもう会えなくてお別れかなと思ってたんですけど、幸いにして治ったんですけど、その時はその時ですよ。お父さんごめんなさいって感じで。

藤井▼毎日ちゃんと、こう、お父さんお母さん大切にして。

宮沢▼普段からね。いつ別れが来るかどうか分からないし、それは運命なので。ちょっとね、日本人の死生観にも関わってくると思うんですけど、昔から煩悩《ぼんのう》が変わってないなと思うんですよ。これは人間避けられないものなので、やっぱりこれはしょうがないよねって、こういうウイルスできちゃったんだから、逃げまどってパニックになるのは実に愚かで。

藤井▼もう武漢で一人目の感染者が出た「前の日」には、私たちは戻れない。新型コロナウイルスがあるっていう前提で、これからの人生を生きていかないといけないわけです。それがどれだけ怖かろうがそうでなかろうが、それを前提にしなきゃいけない。

新型コロナウイルスは、少々肺炎になりやすい「風邪」ではないか？

川端▼新型コロナウイルスはインフルエンザと比較することもありますが、やはり、肺炎と比べるとまた意味が違ってくるように思うんです。肺炎ってもともと重い病気で、発症するとだいたい十数%が死ぬと聞きました。今回コロナウイルスに罹っても、風邪症状みたいなので終わる場合もあれば、肺炎に進展する場合もあって、問題はその肺炎の方だと思うんですよね。もともと肺炎で十二万人年間で死んでいて、今日一日でだいたい二百〜三百人は死ぬわけですよね。肺炎との対比で新型コロナウイルスを評価したらどうなりますか？

宮沢▼肺炎で十二万人死んでるんですけど、新型肺炎でこれからお亡くなりになる人は、今のところ千人未満ですが、数千人、僕は悪くて一万人とか二万人と見てます。そうだとすると、肺炎死者数が十二万人から十三万人や十四万人に増えるということになりますが、そうなったとしても、インパクトはそれほどないということになる。もちろん、これからもっともっと増えれば話は別ですが、そうでない限り、僕が考える最悪のケースでも、ちょっとなんか違う病気が流行って、肺炎でたくさんの人が死んだな、程度のインパクトになるのだと思います。

浜崎▼今回新型コロナって言ってますけど、コロナウイルス自体はあったわけですよね。今回新型がついて、それにみんな集中というか注目をして怖がっているっていうことの、原理というか理屈っていうのは、単にワクチンがないというだけなんですか。

宮沢▼何なんでしょうね。ワクチンがない病気なんて山ほどあるし。

藤井▼風邪って完璧な治療薬があってそれで治るっていう病気じゃないですよね。

宮沢▼治らないです、普通の風邪でも死んでますから。

藤井▼新型コロナウイルスは、肺炎の症状が特殊だということなんでしょうか。

宮沢▼そういう人もいるということなんですよね。じゃあこれまでのコロナでなかったんですかって言われると、そんなことはないんじゃないかと。今回のＳＡＲＳ‐ＣｏＶ‐２ですけど、ACE2っていう受容体を使っているけども、今までの風邪のコロナでも、いろんな風邪のコロナがあるんですけど、ACE2を使ってるコロナもあるので、同じような症状が起こっていてもおかしくなかったけど、今まで無視されてきたわけです。今まで風邪のコロナウイルスって、ワクチン作ってたんですかっていったら作ってない。

浜崎▼じゃあなぜ今コロナウイルスだけがここまで注目されて、不条理なほどの騒ぎを起こしているのか、何か理屈はあるんですか。

宮沢▼まず最初に、名前がSARS-CoV-2っていうので、SARSというのに引っ張られちゃってるのかもしれないですね、怖い怖いって。私も分からない。普通にピュアな心でこのウイルスを眺めたとしたら、そんなに恐れおののき逃げまどうようなものでもない。

藤井▼ただ武漢のデータを見ますと、ピークの時には一日当たり百五十人から百七十人ずつぐらい死んでいた。武漢くらいのサイズの街なら、仮に日本と同じ密度で肺炎死があるとすれば、一日多くても肺炎死者数って四十人か五十人くらいでしょうから、それに比べると、肺炎死が多いなぁ、ということにはなっていたのかと思います。ただ、インフルエンザが武漢で大流行した時にはピーク時では、同じくらいの肺炎死者数が出ていたでしょうけれど。

川端▼この新型コロナは肺炎が起こりやすいとはいえるんでしょうか。

宮沢▼起こりやすいんでしょうね。逆にですね、風邪症状がなくても肺炎になっているというよく分からないことが起きている。肺炎になりやすく、それは注意しないといけないんですけど、それでも結局は一部の人にとってのことだと思います。

藤井▼なるほど。この新型コロナウイルスについて最も恐ろしい側面である「肺炎」について考えてみても、一体我々は何に怯《おび》えてるんだろうっていうふうに思えてきますね。本日はお話、ありがとうございました。

※『別冊クライテリオン』(「コロナ」から日常を取り戻す)に収録。対談は二〇二〇年四月十日に実施。『表現者クライテリオン』編集委員の柴山桂太、浜崎洋介、川端祐一郎も加わった。

第3章

社会全体がおかしくないか？
～自粛警察という狂気～

「感染さえ防げりゃ後は何でもいい」という暴力的態度

政府の感染症対策の基本は、以下の三つに整理できます。

①クラスター潰《つぶ》し
②緊急事態等の場合には、社会接触の自粛を要請
③国民には、感染が広がりにくい「新しい生活様式」を推奨

一応は「民主国家」である我が国では今、この三つの政府方針でいいのかどうかを徹底的に考えるべきだと考えます。

そして私は、この②の前に、高齢者や基礎疾患患者等の保護、とりわけ、クラスターが頻出している高齢者施設や病院の感染症対策の抜本的強化を行うこと、さらに「補償金」「補助金」を強化した上で、宴会関連業種、カラオケなどのクラスターが生じ得る業種の事業所に対するさまざまな対策が必要だと考えています。なぜなら、②をいきなりやると、経済へのダメージが大きいからであり、その前にやるべきことが実にたくさんあるからです。

また③の中身についても、徹底的に改定する必要があると考えています。

例えばその中には、感染ルートの主要部分を占めると言われている「接触感染」を食い止める上で最も効果的な「目鼻口を触らない」という行動が完全に抜け落ちており、これが、感染リスクを高めることになっているからです。

その結果、国民の間には今、「目鼻口を触らない」という習慣が全く広がっていない状況に至っています。

最新の土木学会の調査では、マスク、うがいは六割、七割の国民が「徹底的にやっている」と答えているのですが、「目鼻口を触らない」という行動については国民の実に四分の一程度しかやっていないという実態が明らかになっています。

つまり、国民の四人のうち三人が、今は、目鼻口を外出中に多かれ少なかれ触っているのであり、このままの習慣が持続してしまえば、コロナ感染症が少しでも広がり始めればすぐに拡散してしまうことになります（実効再生産数という数字、つまり感染の速度は、こうした習慣でも大きく変わるのです）。

その意味で、政府の「新しい生活様式」なるものは、感染症拡大防止の視点から言って、著しく不十分なものなのです。

が、それ以前に一番問題なのは、専門家がウイルス対策のために考えた内容を「新しい生活様式」なる言葉で国民に広げようとするそのメンタリティです。

おおよそ、私たちは、コロナに移らないために生きているわけでも、移さないために生きているわけでもありません。

私たちは、それぞれの人生の目的があって生きているわけで、その中で、コロナにも気を遣いながら生活をしていきましょう、というのが当たり前の常識的な感覚なはず。だから、自分たちの「生活様式」なるものを決めるのは当然、一人一人の個人であって、別に国に言われるべきでも、専門家に決められるべきでもありません。

にもかかわらず、感染症の専門家が感染症抑止のために決めた一連の行動群を「新しい生活様式」と呼んでしまうところに、どうしようもない不気味さを感じてしまうわけです。場合によってはこれを「新しい日常」なぞと呼ぶ場合もあるようですが、もうここまでくると、その異常さたるや、途轍《とてつ》もない水準に至ることになります。

そもそも日常は「常に同じ」という意味を含んでいるわけですから、新しいなんてそもそも形容矛盾なわけです。しかも、その「中身」を見るとさらに薄気味悪さがくっきりと浮かび上がることになります。

その中心にある最も薄気味悪いのが、「身体的距離を二メートル取りましょう」という行《くだ》り。そもそもこの二メートルというのは、面と向かって大きな声で話し合っている状況で、飛沫が互いにかからないようにするための距離。だから、人と会う時には、この二メートルを確保しておけば飛沫感染はありませんよ、ということなのですが、ちょっと待ってもらいたい。

おおよそ電車でもバスでも、クラシックコンサートでも映画館でも、隣の赤の他人とべらべらしゃべるなんてことはほとんどありません。もうそれだけで二メートルなんて全然いらないということになるのですが、仮に話をすることがあったとしても、マスクをしていれば二メートルも飛沫が飛ぶなんてことは万に一つもありません。

つまり、マスクもしないで大声で話しあう局面においてのみ、二メートルの距離が必要だろうという話なのであって、マスクをしていたり、皆が黙って座っているような状況では、二メートルの距離の確保など、感染防止の視点から言って、全く必要ではないのです。

そもそも人と人との距離というのは、私たちの日常の暮らしの中でとても大切なものです。赤の他人の場合には距離を離しますが、人間関係が親しくなれば、近づくことになります。そして、親子や恋人、夫婦になってくると互いに実際に手を取り合ったり、自然に体に触れる機会が増えていきます。

そうやって私たちは日常生活を営んでいるわけですが、この政府がつくった「新しい生活様式」にまさに字義通りにしたがって生きていこうとすれば、家族でも夫婦でも恋人でも、人といる時には二メートル離れろということになってしまいます。

そもそも政府の資料には、特に例外なく、どこに行ってもただただ二メートル離せと書かれているに過ぎないのです。そんなバカな話があってよいわけがありません。そんなものが「新しい生活様式」だってことになって、本当に皆がそれに従いだしたら、日本社会は完全に崩壊することになります。

また、食事の時も黙りましょう、距離を取りましょうと書かれているわけですが、それも真面目に受け取るなら、普通の小さな「こたつ」しかないような食卓の一家団欒《だんらん》でもそうしろということになってしまいます。

この薄気味悪さは、政府の建前が「絶対に感染を広めない」という、メチャクチャなものになっているところから来ています。そしてもちろん、そんな建前が敷かれているのは、ひとえに政府に「事《こと》なかれ主義」があるからです。

要するに「政府の言う通りやったのに、感染したじゃないか」という批判が、万に一つ、億に一つでもあることを回避するために、超絶なる安全側の基準が定義されているわけです。

しかし例えば新婚夫婦の一方がコロナかもしれないと考えれば、四六時中二メートル離れて何年間も暮らさないといけなくなってしまいますが、そんなバカな話があっていいわけがありません。

この薄気味悪さは、要するに、私たちは「家族や夫婦や恋人なら、まぁ、コロナを移されてもしょうがないかぁ」と自然と考えながら生きているにもかかわらず、政府の建前が「絶対移すな！」ということになっているところから来ているわけです。

さて、この「新しい生活様式」の薄気味悪さは「とにかく感染を防ぐことが第一だ」という全体主義的、暴力的な姿勢から出てくるわけですが、この姿勢は、「八割自粛せよ」という言いぶりの背後にあるものと同じです。

八割自粛によって経済が疲弊し、社会が壊れていくわけですが、そんなもの、どうでもいいだろう、感染を防ぐことが一番大事なんだ、という暴力的な思想がその背後にあるわけです。

いわばそこには、「コロナ抑圧全体主義」が明確に存在しているわけで、そうしたものに対する薄気味悪さが、そこにあるわけです。

この全体主義は本当に恐ろしい代物です。

全体主義そのものは当方の研究テーマの一つで、特徴は次のようなものです。

①思考を停止する
②特定の説一つにひたすら固執し、異論を認めない
③その特定の説の正当性を主張するために、やたらと科学／科学者の権威を振りかざす

④異論があれば、それを徹底的にバッシングする

しばしば、今のインターネット上では、「コロナ脳」などという言葉が使われており、「コロナはとにかくコワイ、だから、それを抑え込むことはすべてに優先すべきだ！」という考えに支配された人が、その「コロナ脳」だと言われています。

こうしたコロナ脳はまさに、上の特徴をすべて兼ね備えております。

こういう人に、どれだけ証拠を示して「八割自粛なんて過剰だ！」と主張しても思考停止していますから（①）、絶対にそうした異論を認めません（②）。そして、専門家会議の人たちは立派だ、彼らこそ疫学の専門家なのだということを繰り返します（③）。中には、相当な知識人の方ですら、「僕は疫学は全く分からないけど、専門家がそう言っているのだから、そうなのだ」というメチャクチャな思考停止な発言をされます。そして、筆者がそうした態度を批判すると、よってたかってバッシングを始めます（④）。

つまり、このコロナ脳の振る舞いは、上記の全体主義の振る舞いそのものとなっているわけです。

そして、恐ろしいのは、こうしたコロナ脳になっている人は何もTVを見ている国民だけなのじゃなくて、専門家会議もまた、こうした脳になってしまっているところです。

彼らはひょっとすると、科学者としての良心故に、心の中では、「八割自粛なんてちょ

っとやり過ぎだな」とか「ホントは、二メートルの社会的距離なんて全然いらないよなぁ」と思っているかもしれません。しかしもし仮にそうであったとしても、今や国民が皆コロナ脳になっており、かつ、そんなコロナ脳の方々が日々、自分たちをメチャクチャに褒めそやし、持ち上げてくれるものだから、「いやぁ、八割自粛も二メートルの身体的距離も、ホントは全然いらないんっすよ（笑）」なんて言えなくなってしまっているに違いありません。

結果、「やはり、感染症は恐ろしいものですから、念には念のために、八割自粛も二メートルの身体的距離も必要なんです」と言わざるを得なくなっているわけです。

しかも、この専門家が「念には念のために必要なんです」と言っている限り、決して「間違っているわけではない」ので、さして罪の意識を感じることもないでしょう。むしろ、「僕は国民を守るためにあえて安全側の意見を言っているんだ」などと、自己陶酔している可能性すらあるでしょう。まさにコロナ脳。保身のために常識を失い、過剰自粛を全体主義的に国民に押しつけているわけです。

そしてもちろん、専門家の方々だけでなくて、TVの司会者やコメンテーターの方々もこれと同じメンタリティに陥っているわけで、そして、それを見た多くの国民も、そんなふうなメンタリティを持つに至っているわけです。

このままだと、第二波が訪れれば確実に「八割自粛」が専門家たちに主張され、さして効果があるかないか分からないままに実施され、国民経済が再び大打撃を受けることは必至です。バカな話ですが、全体主義に席巻されれば、こういう顛末《てんまつ》になるのは必然的な帰結なのです。

ヒトラー率いるナチスドイツが最終的に自滅したように、全体主義に席巻されれば、必ず一〇〇パーセント最終的に「自滅」が訪れることになるのです。

だから、この全体主義的状況によって新しい生活様式だの八割自粛などが繰り返されれば、我が国が自滅するのは、決定づけられたこととなっているのです。

そうなる前にぜひ皆様には、そうしたコロナ脳は、これまでの心理学研究で繰り返し研究されてきた「全体主義」者に陥った人たちなのだ、このままだと日本はやばいのだから、自分だけは思考停止のコロナ脳に陥らないように注意しよう、と考えていただきたいと思います。

そしてもし周りの人たちの中にコロナ脳の方がいれば、そして、その方がアナタにとってそれなりに大切な方だったら、その方の全体主義的思考停止を「止《や》めさせる」ために、少しだけでも頑張ってみてはどうでしょう。

なかなか理解されなくて困ることも多いでしょうし、むしろ、バッシングされることもあるでしょうから、なかなか無理には勧められませんが、コロナ脳に陥っている限り自滅以外の行く末はありません。そうした自滅から救い出すためにも、「脱」コロナ脳を少しだけでも試みられてはどうでしょうか……。ぜひ、ご無理のない範囲で結構ですので、ご検討いただければ幸いです。

（『編集長日記』２０２０・６・６）

集団ヒステリーになっているコロナ対策

「土木学会」が五月下旬、全国の一般の国民千人を対象に、「新型コロナウイルスに関する行動・意識調査」を行いました。この調査は、当方が幹事長を務める土木計画学研究小委員会が主導して行ったもので、その設計や結果の取り纏《まと》め等を当方で担当しました。

この調査データは今、一般にも公開されており、どなたでも活用いただけるのですが、この調査で実証的に明らかにされた最も重要な知見が、「人々は、新型コロナによる各種リスクを過大評価している」という一点でした。ここではまず、報告されたその過大評価の数々をご紹介しましょう。

①「一回の外出」による感染リスク

「一回の外出」による感染確率を、三月下旬の最も国内で感染が拡大していた時期を想定して推計したところ、その確率は実に〇・〇〇四九％という極めて低い水準となりました。ところが、回答者の平均値は一九・七％でした。

つまり、一般の国民は外出による感染リスクを約四千倍も高く見積もっているのです。

② 「一回、電車やバスやタクシーに乗る」ことによる感染リスク

上記と同様に、三月下旬の最も国内で感染が拡大していた時期を想定して推計し、かつ、外出した方が皆公共交通を利用するという極端な仮定をおいて推計したところ、〇・〇〇九七％となりました。

ところが、アンケートでのこの確率の回答平均は三〇・一％であり、客観的な値についての推計値の実に三千百倍も過大に推計しているという結果となりました。

③ 「他人に感染させる感染者の割合」

感染者のうち、他人に感染させてしまうのは、百人の感染者のうち二十人程度。つまり、八十人は他に感染させていない、ということが知られています（https://news.yahoo.co.jp/byline/kutsunasatoshi/20200303-00165593/）

しかし、今回のアンケートでは、この数の回答平均は四十八・九人であり、約二・五倍も過大評価している結果となりました。

④「死亡リスク」

死亡リスクについては、死亡率は六十歳以上では感染者百人中十・六人（感染者五千二百三十五人中、死者五百五十三人）、四十歳以下の感染者百人中〇・〇六八人（感染者五千八百八十七人中、死者四人）です。

これについて、今回のアンケートでは、六十歳以上で平均二十六・三人（現実の二・五倍）、四十歳以下で十・八人（現実の約一六〇倍）と認識していることが示されました。

⑤「感染メカニズム」の認識

回答者に次のような質問を行いました。

「目の前にコロナウイルスに感染している人がいたとします。咳もせず、話もせず、じっとしています。マスクはしていません。部屋は換気しています。それでも、うつってしまう可能性はどれくらいあると思いますか？」

この状況では、咳も話もしていないので、飛沫感染はあり得ません。しかも、換気しているので、空気感染（エアロゾル感染）もあり得ません。したがって、この可能性についての「正しい回答」は「〇％」です。

しかし、アンケートの回答平均は実に四五・四％でした。

正解は〇％なので、「何倍」という表現はできませんが、一般の人々は、感染メカニズムについて全く何も理解していない、ということが明らかになった次第です。

さて、このように人々は、

・感染する確率

・感染した場合に死んでしまう確率

をいずれも超絶に過大推計しているわけです。

言うまでもなく、「感染していない人が感染して死んでしまう確率」とは、「感染する確率（感染率）」×「感染した場合に死んでしまう確率（致死率）」で計算できます。

この関係を使うと、次のような「国民のコロナに対する常軌を逸した超絶に異常な怯《おび》えぶり」が見えてきます。

■四十歳以下の人が電車やバスに乗ってコロナにかかって死ぬ確率

感染率：三千百倍の過大推計

致死率：百五十九倍

したがって、四十九万倍の過大推計

■四十歳以下の人が外出してコロナにかかって死ぬ確率：

感染率：四千倍の過大推計

致死率：百五十九倍

したがって、六十四万倍の過大推計

つまり、日本人は今、コロナについての科学的客観的なデータを全く度外視し、単なるイメージで、「コロナがコワイ」と思っているわけで、その怯えぶりは、客観値の実に五十万～六十万倍前後もの水準に達しているのです！

これはもう、日本人たちの「コロナパニック」は、科学的な根拠とは何の関係もない、単なる「病的な妄想」だけで引き起こされていると言うこともできるでしょう。

特に、ウイルス学的には感染するリスクなどあり得ないと考えるような状況でも（前記の⑤）、四五・四％ものリスクがあると回答するという状況はほとんど、千年も二千年も前の未開人や古代人たちが「日食」を恐れたり「月食」を恐れたりするようなナンセンス現象と、ほとんど何も変わらないということができるでしょう。

このような、ウイルス学的に言えば「未開人レベル」の認識の国民たちがつくりあげる「世論」によって、緊急事態宣言が出されたり八割自粛がなされたりしているのが、今の日本なわけです。だからそんなウイルス対策が「まともな物」になる可能性など、万に一つもないわけです。

ちなみに、こういう現象は何も、コロナだけにおいて成立するのではないことが、心理学における一分野である「リスク心理学」で明らかにされています。

40種類のハザードに対する主観的な年間死亡者推定

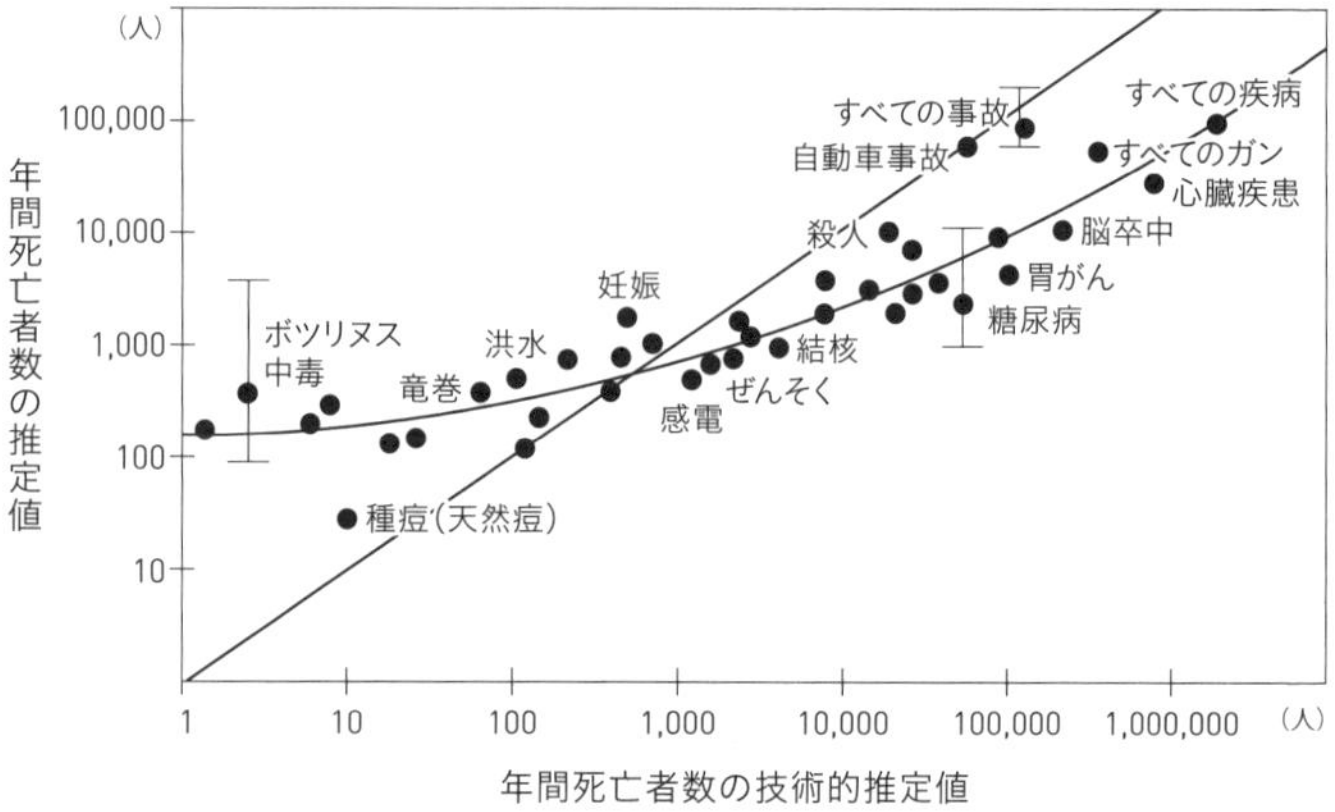

(出典：中谷内一也『一般人のリスク認知：その心理的基盤』食品添加物メディアフォーラム、2010.3.11)

当方、三十歳前後の頃、盛んにこの分野の研究をしていたのですが、その中でも有名なのが上のグラフです。

この横軸は、客観的な「リスク水準」、縦軸は、心理学的な「リスク認知」です。

ご覧のように「四十五度のライン」よりも随分と、いろんなリスクがズレていることが分かります。

具体的に言うと、胃がんや脳卒中、がん、心臓疾患など、比較的死亡する方が多いリスクについては、四十五度のラインよりも「下側」にあることが分かります。

これは要するに、ある程度、死亡するリスクが高いがんや心臓疾患の死亡リスクを「現実よりも安全だと考えている」ということを意味しています。逆に言うなら、それらのリスクを「過小評価」しているわけですね。

一方、ボツリヌス菌などの、比較的死亡する方が少ないリスクについては、四十五度のラインよりも「上側」にあることが分かります。

これは、死亡するリスクが低い病気の死亡リスクを「現実よりも過剰に危険だと考えている」ということを意味しています。逆に言うなら、それらのリスクを「過大評価」しているわけですね。

つまり、人間は、病気のリスクを「正確に認識する」ことが極端に下手なのであって、過剰に安全だと考えたり、過剰に危険だと考えたりする習性を持っているのです。

ですから、新型コロナウイルスについても、そのリスクを「勘違い」して過大評価していても不思議なことではないと言うこともできるのですが……。

やはりそれでもこのグラフを見てみると、今の日本人のコロナに対するリスク認知は、「完全に異常である」ということが分かります。

そもそも、新型コロナの死者数は、現時点（原稿執筆時の六月）で約千人。

その数は、このグラフで見ると、おおよそ妊娠や感電で死ぬ方とおおよそ同じ。で、これくらいの死亡者数のリスクについては、おおよそ「四十五度のライン」に乗っていることが多いのが、これまでの傾向。つまり、年間千人程度の方が亡くなる妊娠や感電で死ぬ方については、過不足なくそのリスクを認知しているわけです。

したがって、コロナに関しても千人くらいですから、これまでのパターンで言うなら、過不足なく、過大でも過小でもなくそのリスクを認識することができるようなレベルのリスクなのですが、この図の中にコロナの点を描こうとすると、この範囲では収まりきらない範囲に描かねばならないほどに、人々は異常な過大推計をしているわけです。

ではなぜ、コロナに限ってこんな馬鹿馬鹿しいことが起こっているのでしょうか。

リスク認知についての過去の研究から、そうした理由がさまざまに明らかにされているのですが、それらを踏まえると、この過大評価の最大の原因は、「朝から晩までTV、新聞、雑誌でコロナが取り上げられているから」という実態が見えてきます。

過去の研究より、毎日そのリスク情報に触れれば触れるほど、そのリスクをどんどん過大に評価していくことが明らかにされているからです。

今の日本では、あらゆるマスメディアが全力を賭《と》してコロナの危険性についての情報を人々に伝え続けていますから、こうなるのも致し方ないわけです。つまり逆に言うと、リスク認知が五十万~六十万倍となるくらい、異常とも言える凄《すさ》まじい徹底的コロナ報道が繰り返されているというわけです。

そしてその結果、適切かつ冷静な感染症対策ができず、八割自粛だとかステイホームだとか二メートルのソーシャルディスタンスだとか、ほとんど何の合理性もないような超過剰な対策が喜々として受け入れられ、推進され、そして経済がボロボロに傷付いている、というのが、今の日本の姿なのです。

困った話ですが、こうした客観的状況を認識した我々だけでも、冷静な発言を心がけていきたいと思います。

(『編集長日記』2020・6・14)

「空気を支配」した人間が「日本を支配」する

①デフレ脱却こそが、日本防衛の最重要課題

政治家や学者、官僚の皆さんも含めたほとんどすべての日本人が理解していないと思いますが、日本は「デフレ不況」さえ脱却すれば、今の日本国民を苦しめているあらゆる問題が、大きく改善します。デフレ不況が終われば、あらゆる貧困、あらゆる格差の問題は緩和、解消し、財政も健全化します。中小企業から大企業まで皆、息を吹き返しますし、全国であらゆる投資が進み、企業の生産力・国際競争力、社会や地域共同体の活力、文化水準、さらには、防災力も国防力も皆、向上します。

逆に言うと、デフレが続くことで、こうした問題がすべて深刻化し、日本の国力があらゆる意味で減退し、日本国民はますます不幸になっていくわけです。

だから筆者はこれまで、「日本を救う」ための一丁目一番地の対策こそ「デフレ脱却」であると見定め、そのために緊縮財政派と戦い、消費増税に反対し、消費増税凍結と大型財政政策の拡大を目指してまいりました。そして、このコロナ状況下では、デフレ圧力を高める「過剰自粛」や「ソーシャルディスタンス」に徹底的に反対をしてまいりました。

その「敵」は誰かというと言うまでもなく、財務省であり、その御用学者の皆さんたちであり、彼らの意見を国民に提供し空気を醸成していく「マスメディア」の皆さんでした。

彼らはもちろん、「日本をデフレにして、日本を衰退させてやろう」と思っているわけではありません。彼らはただただ真面目に「日本は緊縮財政を続けなければ、財政破綻《はたん》する。日本を救うためには緊縮財政をしなければならないのだ！」と思っているのです。彼らは、そんな緊縮を続けることで、日本が瀕死《ひんし》状況のデフレになっていくことなどつゆ知らず、緊縮を主張し、当方を含めた積極財政派を攻撃することが「正義」だと頑《かたく》なに信じています。

②日本を支配しているのは総理でもＴＶでもない。空気である

それこそ「積極財政派と緊縮財政派との闘争」なのですが、それはもちろん、鉄砲玉が

飛び交う戦いではありません。では何をめぐる闘争なのかというと、それはひとえに「空気」をめぐる闘争なのです。

ちなみに、日本の政治家は特にそうなのですが、日本の中枢は基本的にほとんどすべて、「びびり」で「不道徳」です。「全員そうだ」とまでは言えませんが、まともなインテリは、日本の中枢にはほとんどいないのが実情です。

まず、「不道徳」ですから、日本のためにどうしたらいいかを熱心に考えません。何が正しいかとか、どうすることが正解なのかということに全く頓着《とんちゃく》しません。

次に「びびり」ですから、自分の立場を守ることばっかりを考えていて、必死に「長いものに巻かれる」ことばかりを考えています。

その結果、エリートはいつも他人の顔色をうかがい、部下は上司の顔色をうかがい、上司はそのまた上の上司の顔色をうかがいます。そして、各組織のトップは業界や世間の空気の様子をうかがいます。

政治家は党の空気を読み、党幹部は世間の空気を読んで発言を調整しています。同様に知事、さらには総理大臣に至っても世間の空気を読んでばかりいる、ということになります。

もちろん世論はマスコミに巨大な影響を受けますから、マスコミが世論をつくっていると思われがちですが、実はマスコミの人たちも、世間の「空気」に逆らえないのが実態です。

ＴＶ局は世間の空気を読んで、その世間の空気に沿った番組作りを心がけます。新聞社も購読者の顔色をうかがって記事内容を調整しています。

だから、世論を「加速」させることはあっても、世論を「つくる」仕事，「変える」仕事をしているわけではないのです。だから結局、今の日本を動かしているのは、総理大臣でも政治家でも、ＴＶ局の人たちでも何でもないのです。

彼らを動かしているのは、何やら得体の知れない「空気」なのです。

もちろん、その「空気」なるものは、政治家、ＴＶ局、専門家、タレントといったあらゆる国民の「顔色」の総体としてできあがるものですが、お互いがお互いの顔色を読み合って顔色を決めているので、総理大臣やニュースキャスターといった特定の政治リーダーやオピニオンリーダーが、つくり上げているというものではないのです。

③空気をめぐる緊縮派vs反緊縮派の闘争

だから、緊縮財政派vs積極財政派の戦いにおいて、緊縮財政派は、全力で日本の「空気」を緊縮財政のイデオロギー一色に染め上げようと躍起になっているのです。

彼らつまり財務省はそのために、まず新聞社の論調を、財務省記者クラブを最大限に活用しながら制御します。そして、TV局の報道部に対しても、同様の記者クラブ制度を使って最大限の支配力を行使しようとします。

そして、そのTVや新聞のコンテンツを支配するために、財務省は審議会の座長ポストや委員ポストという「エサ」を学者に供与することを軸に、経済学界の論調を制御しようと工作をしかけます。

官邸や政府、与党の論調もまた強力なコンテンツになりますから、財務省は一人一人、政治家に対する「ご説明」攻勢を徹底します。特に、総理候補や幹部候補になる有力議員には、定期的な夕食の機会を設けたり、勉強会を設けたり、そして時には予算を「エサ」として供与することを通して、財務省の意向通りの発言をするように「洗脳」していきます。

こうして財務省は、マスメディア、政治家、学者の三つの論調を、彼らの持っている政治的な権限を駆使して「緊縮側」のものとなるように徹底的に工作をしかけていくわけです。

そして、この三つを押さえれば、あとは自動的に多くの国民も政治家もエコノミストや評論家たちも「緊縮派」の論調を口走るようになっていき、そうやって「緊縮が必要だ」という「空気」ができあがっていくわけです。

これに対して反緊縮派である我々は、ツイッターやメールマガジンやブログ、さらには雑誌やラジオ、テレビの番組を活用して、空気におもねらない「真実」に基づいた論調を提供し、緊縮派が作り上げたこわばった空気に「水を差し」、新しい「空気」をつくり上げようと努力しているわけです。

この戦いは今のところ、コロナ状況下で幾分「反緊縮側」に有利に展開していますが、経済が徐々に動き出した今、緊縮派は「これだけ借金増やしたんだから、もうこれ以上は出せない。アホな政治家が人気取りで借金増やしたので、これから大変だぞ」という論調を加速させています。

④コロナをめぐる自粛派vs反自粛派の闘争

ということで、我々は、「空気」をめぐって、日々闘争を繰り広げているわけです。コロナをめぐっては、安倍総理（当時）や二階幹事長をはじめとした政府与党幹部たちに、当方の「反自粛」理論のレクチャーを繰り返しましたが、それだけで勝利が得られるとは毛頭思っていませんでした。結局は、その戦いの主戦場もまた「空気」であることを理解していました。

⑤コロナをめぐっては「自粛派」が圧勝する構図にある

しかし、この戦いは反自粛派にとっては、絶望的に困難なものでした。なんと言ってもコロナは未知のコワイウイルスなわけで、そもそもが皆、基本的に「自粛派」なのです。そして、その「空気」を加速したのが医師たちでした。彼らは職業からして病気を大げさに言う風習があるのです。なぜなら、平均的な意見を言って、万一それよりも悪化してしまえば責められることになるので、最初から「最悪側」の意見を言う習性があるのです。そしてそれが未知のウイルスであるが故に、多くの国民が、医師の言葉「だけ」を信ずる傾向が肥大化します。

さらに言うと、「生命は地球よりも重い」という生命至上主義が幅をきかせているのが、戦後日本の大きな特徴です。とりわけここ最近は、ますますさまざまな価値観が失われ、「命」以外の大切なものが忘れ去られてきています。だからネコも杓子《しやくし》も皆、「自粛派」になりがちなのが、この未知のウイルスのパンデミック状況なのです。

⑥コロナをめぐっては「自粛派」が圧勝すると、経済が破壊され、自殺者が増える

自粛が「行き過ぎる」と、経済や社会が破壊されてしまうことは、誰がどう考えても理性的には明白です。だから自粛が「過剰かどうか」を誰かがチェックしなければなりません。当方はそういう認識を二月下旬から三月上旬に形成し、次のような記事を配信しました『**過剰自粛という集団ヒステリー～「100人以下」のイベントでの感染確率は「ほぼゼロ」である～**』(https://38news.jp/economy/15456)。

この記事を皮切りに、何とか世論が「過剰自粛」に走り過ぎることに対してブレーキをかけようと、ライブを実際に主催したり、反自粛の記事やラジオ番組をさまざまに配信する等の努力を重ねました。さもなければ、自粛が行き過ぎ、社会経済が破壊され、倒産失業が拡大し、挙げ句に自殺者が増えることが「目に見えていた」からです。

もちろん、政府補償が十分あれば、その被害も最小化できるでしょうが、だからといって、それが十分な水準となる可能性は、万に一つもないということを（内閣官房参与経験者として）確信していました。

しかし、筆者の情報配信は、大変な「バッシング」に遭遇することになります。「コロナをなめてるのか」「感染症で人がたくさん死んでもいいのか」とバッシングを激しく受けました。

しかし、それはもとより覚悟の上。可能な限りの論理とデータを使いながら、自粛のレベルが過剰になることを回避しようと、筆者なりの努力を図りました。

⑦専門家としての西浦教授による発信によって、「自粛派」が圧勝することになった

しかし、行き過ぎた自粛を警告してきた筆者は、決定的な大打撃を受けることになります。それが西浦教授の「八割自粛要請」でした。

彼のデータが、極めて胡散《うさん》臭いものであることは瞬時に理解できました。なんと言っても、彼が前提としている基本再生産数「二・五」というのは、あり得ない水準だったからです（何もしなければ「二・五」と西浦教授は言ったのですが、その時既に我々はマスクもしていたし、手洗いもかなりしていたし、相当の活動自粛もしていたのです！）。

しかし西浦教授は専門家だということで、ほとんどの国民は彼の言うことを信じることになりました。マスメディアも疑問を差し挟みませんでした。そうなれば「空気」を読んで政策を決め続けてきた我が国の総理もまた、彼の主張に従わざるを得なくなりました。

そして西浦教授は、世論の「空気」を支配できるという実感を持ちながら「八割自粛が必要だ。それができなければトンでもないことになる」という発言を繰り返しました。

⑧日本の「空気」全体を支配できている感覚に恍惚《こうこつ》とする

私は彼がまさに、世間の空気を動かしているという実感とその恍惚感を伴いながら、TVの中で喜々として話をしておられた姿を拝見し、本当に哀《かな》しい気持ちになりました。これで多くの人々の会社が潰《つぶ》れ、凄《すさ》まじい失業が生まれ、多くの人々が自殺に追い込まれるだろうと直感したのです。

その時、僕はその西浦という教授の顔がとても恐ろしく見えたと言っても、決して過言ではありません。そのように認識したのは、ひょっとすると当方一人だったかもしれません。なぜなら、ほとんどすべての国民、有名な言論人たちも含めて、この「全体空気状況」

を「中長期的なスパン」で「見えている」人物はほとんど他にいないだろうと直感していたからです。

そして、自粛派vs反自粛派の「空気」をめぐる闘争において、西浦氏は圧倒的な勝利を得たのです。

当方はそれ以後、徹底的に西浦教授を批判する言論戦を展開することにしました。それが、「空気」をめぐる闘争においてどれだけの有効性を持つのかは分かりません。むしろ直接批判より間接批判の方が有効なこともあったのかもしれません。

しかし、西浦教授に代表される自粛派との闘争においては、直接批判と間接批判の双方が必要なのだという確信があります。そして、直接批判をする方はほぼいないだろうと考えました。ならば、誰かが直接批判を始めるまでは、当方がまず直接批判をせねばならないと考えたのです。なぜなら、間接批判は「聴衆」の説得においては効果的である可能性が高いとしても、直接批判は「西浦氏本人に対する説得」において効果を持つ可能性が考えられたからです（なお、本書執筆時点で西浦氏の言説を改めて確認したところ、本書で当方が論じてきた主張とほぼ同様の主張、すなわち、八割自粛とクラスター対策のみでなく、いわゆる「半自粛」的な諸対策を組み合わせた取り組みを合わせていくことが必要だという論調に変化しておられるようにお見受けしました。もし西浦氏の論調にそうした変化が本当に存在したとすれば、その変化に筆者の直接批判がどの程度関与しているのかあずかり知るところではありませんが、万一、そういう側面が一部でもあったとするなら、論戦を展開した筆者としては、西浦氏のその点に関わる誠実性に心より感謝いたしたいと思います）。

⑨客観データをベースに主張し続けた「反自粛派」が幾分、押し戻しつつある

そうして始まった自粛派との戦いは徐々に我が方に有利に展開しつつあります。なぜなら、さまざまな客観データを踏まえれば、その自粛が単に「過剰」であったことが、明らかになりつつあるからです。

自粛派は「もう済んだことなんだから、いまさらうるさく言うなよ」という「ごまかし作戦」を採用しつつあります。しかし、秋冬にでも来ると言われている本格的な感染拡大が来ることを踏まえれば、絶対にそれを水に流してはいけないのです。

⑩言論戦に、どちらかが絶対正義である、ということは原理的にあり得ない。是々非々で対応するのが言論戦の要諦《ようてい》である

自粛派vs反自粛派の闘争は、これからも長らく続いていきます。そしてこれからさまざまな論者たちがこの闘争にいろいろな形で参戦してくることとなるでしょう。ただしこの闘争は、どちらが「絶対正解」なのかという話ではありません。それは、「その瞬間において、バランスをとるために、どちら側につくのか」という闘争なのです。

皆さんもぜひ、動物的直感を最大限に活用しながら、可能な限り豊富な事実情報を認識しつつ、それぞれのご発言を展開いただければと思います。

そして少なくとも当方は当面の間は、日本を守るためには、反自粛派につかなければならないと科学者として確信しているのです。


（『編集長日記』2020・6・20）

自粛に潜《ひそ》む「偽善」心理メカニズム

なぜ人々が自粛したのかといえば、単にコロナが（健康的な意味でも社会的な意味でも）「コワイ」という「個人的な恐怖心」に加えて、皆で自粛すれば感染は抑えられるに違いない、日本のためにも自粛が必要だという「社会的な道徳心」があったからです。

ただし厳密に言えば、ほとんどの人々にとって「個人的な恐怖心」だけが真の自粛理由で、「社会的な道徳心」なんて大して重要ではなかったのが実態であるにもかかわらず、単にコワイからという個人的な理由だけで仕事をサボり、あらゆる社交をサボるというのは何となくバツが悪いので、それを覆い隠すために「社会的な道徳心」が使われた……という疑義が極めて濃厚です（無論、それが最も濃密に表れたのが、かの「自粛警察」です）。

つまり、ビビりである自分に「僕はビビってるんじゃナイよ」と自己正当化するために「皆でコロナを乗り越えよう！」なるウソくさい「社会的な道徳心」が活用されたわけです。

なぜそういう「疑義」が濃厚だと判断できるのか、これについて「二つの実証事例」をお話ししましょう。

①実証事例一：グッとラック！

まず、そもそも「皆で自粛して、感染を止めよう」という気持ちが本物であったとすれば、自粛それ自体を目的とするのではなく、「感染を止める」こと自体に興味が向かうはずです。そして、彼らが主張する「自粛」という方法だけでなく、その他のあらゆる感染を止める方法にも注意が向かうはずです。しかし、「単なる偽善で、道徳的に自粛を主張、要請した人々」においては、そうならないのです。

その典型例が、四月三十日の朝の「グッとラック！」（TBS）出演。

当方はこのとき、八割自粛を続けなくても、いろいろと注意しながら外出すれば、感染機会自体を八割削れるから感染は防げますよ、という話をしました。

目鼻口を触らなければ接触感染はないよとか、宴会は危ないから注意したらいいよとかお話ししつつ、でも、公園を散歩したり、バスや電車ですら換気してマスクして黙って乗ってれば大丈夫だよ、という話をしました。

しかし、「自粛が要らないなんて不謹慎だ！」と、ほとんどすべての出演者から総攻撃を受けたのです。

私は、当方の意見を事前に読んで納得してもらったスタッフから、こういう話をしてほしいと言われたから出ていってお話ししたのに、その場でここまで否定される事態に面食らいました。

私はその時、「なるほど、この方たちは感染症を抑制することを目的において冷静に自粛を主張しているのではなく、もはや自粛しろということそれ事態が目的になってるんだ」と認識しました。

そもそも彼らは「自粛せよ、それが道徳だ！」と主張し続けた人々なわけで、今更、自粛は部分的には要りませんという当方の話なんて、それがどれだけ正しかろうが聞き入れられるはずはないのです。

つまり、彼らは「誠実なる精神で、自粛することが道徳的だと主張した人たち」なのではなく、「社会的な道徳心故に自粛すべきだと主張し続けた手前、もはやとにかく、自粛すべきなのだと考えている人たち」に過ぎなくなってしまっているのです。すなわち彼らはもはや、誠実なる道徳心など何も関係なくなってしまっている人たちなのです。

道徳的な目的以外の理由で道徳を語る――我々は一般にそれを「偽善者」と呼びます。

だから、そういうTV関係者は多かれ少なかれ、「偽善者」と言わざるを得ない人々に堕落してしまっていたわけですね。

②実証事例二：自粛の重要性を否定したデータに直面したYahoo読者事例

当方の下記のネット記事が、Yahooニュースに掲載されました。

『藤井聡京大教授「第二波に備え『8割自粛』を徹底検証すべし」【緊急反論③：水際対策の強化こそが感染収束の肝であった】』（https://news.yahoo.co.jp/articles/546b2908ba242f6f9f4a6d8cae30eb0862168121）

詳細はお読みいただければと思いますが、簡潔に申し上げると、この記事は次のような内容でした。

『当方が感染者数の推移データを分析したところ、どうやら、三月中旬頃に感染拡大スピードが衰え始めた。その頃あったためぼしいイベントといえば、欧米や中国、韓国との往来禁止や自粛要請くらいしかなく、その頃から、海外からの感染者の流入が減少していた。これが、感染収束において決定的に重要であって、四月上旬の緊急事態宣言や三月下旬の小池知事の自粛要請や、志村けんさんの死亡報道などが、収束において決定的に重要な役割を担ったとは考えにくい』

要するに、感染収束において、自粛には（全然意味がないとまでは言わないが）さして重要ではなく、海外との往来禁止のほうが決定的に重要だった、という話なわけです。

普通の人にとって、この話は「だったら、次は自粛よりも海外との往来の抑止を重視することが得策だな」というだけの話になるはずなのですが、「社会的な道徳心故に、自粛すべきだと思っている人々」にとっては、この当方の「科学的主張」は極めて都合が悪いのです。

すなわち、『本当はコロナをビビって自粛しているに過ぎないんだけど、その真実を認めたくなくて、「僕はビビって自粛してるんじゃない」っていうふうに自己正当化するために「皆で、コロナを乗り越えよう！」なるウソくさい「社会的な道徳心」を活用した』偽善者たちにとっては、「自粛が要らない」という科学的証拠は極めて都合が悪いのです。

そもそも、「自粛がどれくらい必要なのか、自粛以外の方法も含めて真面目に誠実に考えていた」のなら、こういうことにはなりません。当方からの科学的事実を目にすれば「なるほど、それじゃあ、自粛なんてしなくていいんだな」と素直に納得できるのですが、そういう偽善者たちは、自分のビビりを隠蔽《いんぺい》するために「自粛がいいんだよ」とテキトーなことを口にして、それを自分にも家族にも他人にも強要し始めた不誠実な輩《やから》なので、後で真実が発覚したときに都合が悪くなってしまうのです。

当方がそれを強烈に感じたのが、上記のYahooの記事に対するコメントを読んでいた時です。

もっとも評価の高かったトップのコメントは下記のもの。

「医療崩壊寸前だったという声が全国から上がっている。もう少しで病床が満杯になるところだった、マスクが医療現場に届かない、防護服がないので雨がっぱやごみ袋を使っている、看護師が足りないから看護学校教員を呼ぶ、保健所の職員の残業時間が過労死ラインを超えている、等々。

自粛がなくても感染者数の減り方は同じだったかもしれないし、自粛をしなければあと少し感染者が多くて医療崩壊が起きていたかもしれない。タラレバの話もいいけれど、第二波が第一波と同じ感染者数でもびくともしない医療体制に改善することが大事だと思う」

このコメントがトップにあるのを見て、我が目を疑いました。肯定するでもなく、ましてや否定するでもなく、ほとんど当方の記事とは関係のない（ごく普通の、誰もが口にできるような陳腐な話で埋め尽くされた）代物だったからです。

ただその特徴は、当方の記事内容と全く関係のない話（医療崩壊のリスク）をした挙げ句に、「自粛が効果があった可能性もあるんだよ」と主張しつつ「タラレバの話もいいけれど」という一言で、軽く当方の記事を否定してみせるところにあります。

当方の科学的指摘を否定できないものだから、「そんなの重要じゃない」という格好で若干否定するニュアンスを醸し出したところが、さして自粛の必要性を考えずに自粛セヨと言い募ってきた（いわゆる）「偽善者」の皆さんには都合が良かったのでしょう（なお、二番目のコメント以降は、大変に理性的なまっとうなものが多かったことは、ここに記して、深謝の意を表したいと思います）。

このように、多くの国民にとって「道徳的に自粛すべきなのだ」というキャンペーンは、科学的、理性的な主張であったというよりはむしろ、「コロナをビビっている自分を隠蔽《いんぺい》する」ための「方便」に過ぎなかった疑義が濃厚なのです。

ちなみに、当方が主張する感染症対策は、第6章に掲載しています。

方針1：医療対応能力を迅速に高める
方針2：「コロナ弱者」の保護の徹底
方針3：感染ルートを考慮した「効率的な感染回避行動」（半自粛）に向けたリスクコミュニケーションの徹底
方針4：以上の三方針を基本として、医療崩壊リスクが高まれば各種の「自粛要請」を発令
方針5：感染症対策に伴う各事業者の粗利の損失を全額政府が補償する

この「方針4」に明記してあるように、当方は決して「自粛を全否定」しているのではなく、「適材適所」「是々非々」の立場で、自粛を効果的に活用すべきだと主張しているのです。その意味で、当方の主張は、完全自粛要請ではなく「半自粛」要請なのです。

つまり過剰な自粛は偽善になり得るものではありますが、適切な水準の自粛はもちろん、「社会的な道徳」の視点から要請されるのです。

とにかく、日本の「下らない空気の支配」が少しでも弱まり、人間の理性と英知に基づいて感染症対策が展開される日が一日も早く訪れることを、心から祈念したいと思います。

（『編集長日記』2020・6・26）

「高齢者」徹底対策で死者数は「二十分の一」以下に

これから詳しいデータがさらに報告されてくることとなりますが、少なくとも今手元にある報告によれば、死者の大半が「高齢者」です。なぜそうなるのかといえば、次ページの表のような傾向があるからです。

ご覧のように、高齢者においては、若年層の約二十〜五十倍もの死亡リスク、そして、重症化リスクがあると推計されています（そして、基礎疾患のある方も、高齢者と同等、ある

年齢階層別の重症化（人工呼吸器/ICU）率・死亡率の推計値

年齢	推計重症化率 a	推計死亡率 b	推計重症化・死亡率 (a+b)	「50代未満」を基準とした場合の死亡率の倍率
50歳未満	0.6%	0.2%	0.8%	–
50代	2.4%	0.7%	3.2%	(4倍)
60-80	9.3%	2.9%	12.2%	(16倍)
80以上	27.7%	8.5%	36.2%	(48倍)
合計	4.3%	1.3%	5.6%	–

(出典：京都大学レジリエンス実践ユニット『リスク・マネジメントに基づく「新型コロナウイルス対策」の提案』令和２年４月４日)

いはそれに準ずるリスクがあると考えられます)。

当方はこうしたデータに基づいて、メールマガジンに次のように記載しました。

『こうした新型コロナウイルスの特性を踏まえれば、高齢者や基礎疾患をお持ちの方々さえコロナ感染を徹底的に回避する取り組み「さえ」行っておけば、基礎疾患のない健康な若年層については、過剰な自粛は必ずしも必要ではないというのが、現実的な「リスクマネジメント」であると考えられます』

つまり、先に示したデータに基づくなら、高齢者対策「さえ」徹底的に可能であったのなら、(このデータが正しい限りにおいて) その死者数は二十分の一から五十分の一に抑え込むこともできた、という可能性が考えられるのです。

もちろん、高齢者と非高齢者とが同居している世帯が多いことを考えると、必ずしも高齢者と非高齢者との間の接触を完全に断つことは容易ではありません。しかし、インフルエンザ感染者は、部屋を使って自宅内で隔離することは、どこの家庭でも行われていますから、それくらいの危機意識を持って高齢者・基礎疾患のある方の隔離ができれば、若者の外出や社会活動を「過剰」に禁止する必要はなかったとも考えられるわけです。

ただし誤解を避けるために記しておきますが、当方は若者に死ぬリスクが全くないとは主張していません。リスクが「低い」、しかも高齢者のそれに比べると、比較にならないほどに圧倒的に「低い」と主張しているのです。

リスクのマネジメントにおいては、こうした統計的判断が決定的に重要になるわけで、リスク対応を、若者と高齢者で分けて考えるべきだと申し上げているのです。

さらに医療崩壊を防げれば、死者数はさらに四分の一に抑え込めます。イタリアがその典型ですが、医療現場で起こっているのが「医療崩壊」です。それは重症患者が病院にやってきても、病床や人工呼吸器がなくて治療ができない、という事態を意味します。

つまり、医療需要が、その供給力を圧倒的に上回ってしまうことで生ずるのが医療崩壊です。この医療崩壊が「最悪」なのは、助かる命を助けられなくなる、という一点にあります。

先に紹介したデータですと、重症化・死亡するリスクは（全体で）「五・六％」。この重症化した人々に十分な治療を施せば、おおよそ四人の内三人が回復します（＝四・三％／五・六％）。しかし、おおよそ残りの四人の内一人が死に至ってしまいます（＝一・三％／五・六％）。

ところが、医療崩壊が起こり、人工呼吸器が準備できなくなると、重症化した人がほぼすべて死に至ることになります。つまり、重症化して人工呼吸器などがあれば四人の内三人が助かるのに、医療崩壊していれば誰一人助からなくなるのです。

このことはつまり、医療崩壊をすれば、死亡率が一気に四倍に跳ね上がることを意味します（具体的に言うなら、医療崩壊前の死亡率は一・三％に抑えられますが、医療崩壊後は五・六％にまで上昇してしまうのです）。

もし、イタリア等で医療崩壊が起こっていなければ、その死者数は四分の一に抑えられることとなるのです。逆に言うなら、イタリア（さらにはニューヨーク）等では、医療崩壊のせいで死者数が四倍に跳ね上がってしまっているのです。

だからこそ、我が国でも今最も警戒しなければならないのは医療崩壊なのです。繰り返しますが、それは死者数を一気に四倍にまで拡大してしまうのです。

ではなぜ、医療崩壊したのかというと、これもまた、高齢者の感染拡大が原因でした。

先にも指摘したように、若年層と高齢者とでは、病状の進行が全く違います。（ここで仮に年齢階層別の死亡率の差異と重症化率の差異が同様であるとすれば）高齢者は若年層の二十〜五十倍の頻度で、重症化していくことになります。

これはつまり、仮に若者も高齢者と同じ数だけ感染したとすれば、若者が一人重症化している間に、高齢者は二十〜五十人も重症化していくことを意味しています。

だから、若者に感染が広がっても、医療崩壊するリスクはとても低い一方、高齢者に感染が広がれば瞬く間に医療崩壊が起きてしまうのです。

数字で言うなら、若者の感染の二十倍から五十倍ものスピードで高齢者は限られた医療資源を使っていってしまうわけで、したがって、二十倍から五十倍もの医療崩壊リスクをもたらすポテンシャルが、高齢者にはあるわけです。

したがって、死者数を抑制するためだけでなく、医療崩壊を避けるためにも、高齢者の社会活動の禁止・自粛を徹底していくことが必要となっているのです。

高齢者の外出の徹底的抑止や、感染対策を行えば、それだけで、死者数は二十分の一〜五十分の一にまで低減でき、かつ、医療崩壊を回避することも容易となり、それを通して、さらに死亡率を四分の一に縮小できる――ということを踏まえると、高齢者等の社会活動からの「隔離」をはじめとした感染対策を徹底すれば、合計で八十分の一〜二百分の一にまで、死者数を激減させることに成功することも考えられるのです。

ちなみに、六十歳以上の高齢者は今、全人口の三分の一。「極端なケース」として、六十歳以下の対策を全く進めず、六十歳以上の高齢者の感染対策「だけ」を徹底的に進めて感染がゼロになったと仮定するだけで、トータルの死者数は（先の致死率の数値を用いて推計すると）一二％程度に抑えられることになります。これに、「基礎疾患のある方」の感染対策を徹底すれば、健康な若者の活動を一切自粛させなくても、死者数は一割以下に抑え込めることになります。

さらに言えば、この取り組みを通して医療崩壊が回避できたとすれば、死者数はそのさらに四分の一に抑え込むことができます。結果、若年層の活動をかなり許容した上でも、対策前に比べて総死者数は二〜三％程度にまで激減させることも可能となるのです。

無論、こうした数字については、今後さらに報告されるデータに基づいて精緻化《せいちか》していくことが必要ですが、こうした傾向があることは間違いないと、筆者は考えます。

とはいえ、とにかく感染を止めるという視点に立つなら、年齢を度外視して外出禁止にするのが効果的ではあります。しかし、それをあまりにやり過ぎれば、経済が崩壊してしまいます。

（我が国は残念なことに不幸な例外ですが）諸外国は、外出禁止と同時に徹底的な所得・損失ご購読ありがとうございました。今後の出版企画の参考に致したいと存じますので、ぜひご意見をお聞かせください。

書籍名

お買い求めの動機

1　書店で見て　2　新聞広告（紙名　　　　　　　　）

3　書評・新刊紹介（掲載紙名　　　　　　　　）

4　知人・同僚のすすめ　5　上司、先生のすすめ　6　その他

本書の装幀（カバー），デザインなどに関するご感想

1　洒落ていた　2　めだっていた　3　タイトルがよい

4　まあまあ　5　よくない　6　その他(　　　　　　　　)

本書の定価についてご意見をお聞かせください

1　高い　2　安い　3　手ごろ　4　その他(　　　　　　　　)

本書についてご意見をお聞かせください

どんな出版をご希望ですか（著者、テーマなど）

郵便はがき

料金受取人払郵便

牛込局承認

9410

差出有効期間
2021年10月31
日まで
切手はいりません

162-8790

東京都新宿区矢来町114番地
神楽坂高橋ビル5F

株式会社ビジネス社

愛読者係 行

ご住所 〒 TEL: ( ) FAX: ( )		
フリガナ お名前	年齢	性別 男・女
ご職業	メールアドレスまたはFAX メールまたはFAXによる新刊案内をご希望の方は、ご記入下さい。	
お買い上げ日・書店名 年 月 日	市区 町村	書店

補償を施しています。が、それだけでは、経済の崩壊は食い止められません。なぜなら、この状態を一年も二年も続ければ、早晩、産業が崩壊することになるからです。

そして事実、完全終息は、治療薬・ワクチンができるまでは不可能だと考えざるを得ません。

そもそも中国の武漢にしかなかったウイルスが、通常の社会・経済活動が続いていた状況ではたった数カ月で世界中にばらまかれてしまったのですから、治療薬・ワクチンが完成するまで、昨年のような「普通の社会・経済活動」の開始は不可能なのです（無論、アフリカや南米も含めた世界中の国々から完全駆逐できればいいですが、普通に考えればそれは無理でしょう）。だから、短期勝負で「外出禁止」とやっていますが、それによって一旦死者増が食い止められたとしても、少し緩めればすぐにまた、大流行になることは必至です。

さらに言うなら、スペイン風邪のように、来年の冬頃までにウイルスの変異が生じ、さらに毒性の高いものとなっている可能性すら考えられるのです。そうなれば、この程度の毒性のウイルスに対してここまで激しく外出禁止をやっている以上、外出禁止の解除はますますできなくなってしまうでしょう。

しかし、こうした措置がいつまでも続けられるはずがありません。食糧をはじめとした「産業」が止まり、人間が生きていけなくなるからです。どこかの時点で、ウイルスがどれだけ恐ろしくとも、社会・経済活動を再開せざるを得なくなるのです。

今のままでは、パンデミックや世界大恐慌の次に、確実に「世界食糧危機」が訪れることでしょう（言うまでもなく、そうなった時に最大の被害を受けるのは、自給率の低い我が国日本でしょう）。そうした事態を避けなければ、人類は生き残れなくなってしまいます。

だとしたら、結局は「高齢者と基礎疾患のある人々の徹底的な社会活動への参加禁止」と「若年層の、可能な限りの社会経済活動の継続」が必要となるのです。

もちろん、この政策展開において「抗体検査」も重大な役割を担うでしょう。つまり、社会活動の水準を調整するにあたり、抗体検査の結果を活用していく方法が考えられるのです。

ワクチン・治療薬さえ早期に開発されるなら、こうした問題はすべて解消されるのですが、それがいつになるか不確実です。

こういう危機の時代には、入手可能なデータの範囲で、最大限の想像力を働かせ、最善の道を探り続ける態度が求められます。そしていつ如何《いか》なる時も、「うろたえること」は避けねばなりません。

第二次大戦では数千万人もの命が失われたこと、日本だけでも毎年十万人も肺炎で亡くなっているという事実、日本のデフレ不況で累計十四万人もの自殺増があったという事実、さらには、毎日平均三千七百人もの人が何らかの理由で亡くなっているという事実にも思いを馳《は》せながら、どのような原因で亡くなったとしても、いずれの命も貴重な命なのだという一点を忘れず、冷静にこのパンデミックに対応していかなければなりません。

そう考えれば、為政者たるもの、コロナウイルスには確かに人の命を奪い去る恐ろしき危険性が潜んでいることを十分に冷静に認識する危機感と同時に、「たかだかこの程度の殺傷能力のコロナウイルスごときにうろたえ、とち狂った過剰反応をしてはいけない」と構えるほどの胆力を持つこともまた必要なのです。なぜなら、そう構えることができて初めて、我々は死ぬ人の数を最小化できるのです。

逆に言うなら、過剰に恐れ、うろたえ、「高齢者の隔離等の感染対策を徹底的に進める」という正しい整斉な判断ができなくなれば、その結果、死者数は何十倍、さらには（本稿の論考に基づくなら）百倍、二百倍にもなってしまうのです。

（『表現者クライテリオン』メールマガジン　2020・4・6）

「ソーシャルディスタンス確保論」に断固反対する

「ソーシャルディスタンス」すなわち「社会的距離」の確保についてはメディアでも、ほとんど毎日、必要だと繰り返されています。

しかしこれは、感染防止の観点から「絶対必要」とは必ずしも言えないものなのです。

これまでに明らかになっているコロナウイルスの特徴を踏まえれば、発話しなければ距離が近くても感染リスクはほぼありません。また、発話していても、マスクをしていればリスクはほとんどありません。

例えば、仮にソーシャルディスタンスが全くない満席の状況であったとしても、クラシックコンサートや映画を黙って見ている状態では、ほとんど感染は考えられません。ロックコンサートや格闘技の試合でも、マスク着用を義務づけ、「大きな歓声の自粛」だけをしておけば、飛沫が周辺に飛び散り、感染が拡大してしまうリスクをほとんど回避することができます。

しかし今回、芝居やコンサートについて、全国公立文化施設協会が、ソーシャルディスタンスの確保を前提とするガイドラインをまとめてしまいました。要するに、観客と観客の間を空けることが必要というガイドラインです。

これでは減収は必至。全く利益が出ず、赤字となるケースが頻発するでしょう。結果、音楽・演劇等の業界関係者は、廃業せざるを得なくなるのは必至です。

もちろん、社会的距離の確保が、感染防止のために必須《ひっす》であるなら、それはそれで仕方ないのかもしれませんが、ウイルスの感染経路から考えて、上述のように「必須の条件」ではないのです。にもかかわらずガイドラインに書かれてしまったのは、感染抑止が目的というより「事なかれ主義」があるからにほかなりません。

政府としては、万一の事があった時にとやかく言われるのが面倒だから、念の為に距離を取れと書いておけば責任逃れができるだろう、という程度の話で、ソーシャルディスタンスを書いているに過ぎないのです。

そんなくだらない理由で厚労省のＨＰにも、ソーシャルディスタンスが第一番目に書かれることになっているのですが、こう書かれてしまえば全国公立文化施設協会としても、無視するわけにはいかなくなってしまうわけです。

何という国民に対する無配慮でしょう。そんなくだらない「小役人的な事なかれ主義」のせいで、ミュージシャンや演劇関係者、照明や大道具、小道具さん等、ありとあらゆる関係者の暮らしが脅かされ、その帰結として日本の音楽文化や演劇文化が危機にさらされるのですから、これほど哀しい話はありません。

繰り返しますが、ソーシャルディスタンスが感染抑止のために必須であるなら仕方ありませんが、実際のところはさして必要ではないのです。

これは要するに、いまだに「過剰自粛」のマインドが残存しており、これが経済を苦しめ続ける状況にある、という次第です。

同じことが、公共交通について言えば、公共交通事業者や飲食店においてもあります。

公共交通についていえば、ソーシャルディスタンスの確保は、経営上、致命的な打撃を与えます。これが絶対条件になれば、ほぼすべての路線が「赤字」に転落してしまい、多くの路線が廃線になり、事業者の倒産も相次ぐ事態になります。

しかし、公共交通においても、ウイルス学の見地からいって、（超満員電車を除けば）換気さえ徹底し、皆が会話しないかあるいはマスクさえしているのなら、ソーシャルディスタンスの確保は何も必要ではないのです。

飲食店についても、パーティションで区切っていればもちろんのこと、（換気さえ徹底し）「食事中以外はマスク着用、食事中は静かにする」ということをお願いしていれば、必要ではありません。

「食事しながらの会話」を許容したいという店舗があるなら、そういう店舗においてのみ（換気に加えて）ソーシャルディスタンスを確保すればよいのです。

飲酒に関しても、互いの発話に伴う飛沫が直接、グラスにかかることを避ける工夫（例えば、グラスを口に傾ける時だけマスクを外し、それ以外はマスクを着用するようにする。飲まない時は、グラスの飲み口に何らかのシートをかけておく等）をすれば、感染リスクを大幅に下げることができますから、ソーシャルディスタンスの確保を回避するバーの通常営業も可能でしょう。

このように、実際の感染プロセスを具体的にイメージし、それを防ぐという態度で考えれば、それぞれの業態ごとにソーシャルディスタンスを確保しなくても済む工夫はいくらでも考えられるのです。

にもかかわらず、単に責任逃れしたいからという程度の理由で流布された「ソーシャルディスタンス確保論」は、そうした一切の工夫を暴力的にうち捨てるのです。

我々人間はソーシャルディスタンスを確保し続けては、生きてはいけない存在です。だから私たちの社会は、そんな距離を確保しないことが前提でできあがっているのです。家族の団欒《だんらん》や恋人同士の語らいはもちろんのこと、文化的活動や公共交通での移動はすべて、ソーシャルディスタンスを「縮める」こと、すなわち「広義の接触」から始まるものなのです。

しかし、政府の「新しい生活様式」は、外出時のみに適用せよという話ではなく、自宅においてすら配慮しましょう、ということも言われているのです。したがって、この指針に真面目に完璧《かんぺき》に従う限りにおいて、私たちは家族との団欒においても距離を確保し、食事中は押し黙らねばならなくなるのです。これでは、公衆におけるまともな精神衛生の確保は著しく困難となるでしょう。

したがって、経済、社会、共同体や家族、私たちの健全なる精神そのものを成立させるために不可欠な、広義の「接触」に対する配慮の一切を欠いた〝暴力的〟とも言える「ソーシャルディスタンス確保論」に、私は、断固反対いたします。

これは、新型コロナウイルスからの攻撃から身を守りながら、人間が人間であることを続けんがための闘争なのです。

（『表現者クライテリオン』メールマガジン　2020・5・19）

（追記：筆者はここで記載した内容に基づく、令和二年八月三日に、東京都町田市のライブハウス「プレイハウス」にて、京都大学・宮沢孝幸准教授と当方の監修の下、十分な感染症対策を施した上で客席を「満席」にするかたちでライブを行っている。その後、当該ライブハウスではここで示した形式によるライブが行われているが、その後同ライブハウスからクラスター発生は報告されていない）

第4章 緊縮財政が人を殺す

「殺傷能力」は大不況の方が圧倒的に高い

日本は、新型コロナ対策の一環で「過剰な自粛」ムードが蔓延《まんえん》し、とてつもない不況に突入し始めています。

折りから消費増税で大変な打撃を受けていた日本経済（なんと、一年で国民所得が一人あたり三十万円もなくなる勢いで冷え込んでいます）で、過剰自粛ムードがこれだけ蔓延すれば、さらに途轍《とてつ》もない不況に突入することは必至です。

「マクロ経済」と同時に、「リスクコミュニケーション」「リスクマネジメント」について研究をしてきた当方からしてみると、これは、コロナの蔓延以上に恐ろしい事態であると認識し、令和二年三月四日に次のような記事を配信しました**『過剰自粛という集団ヒステリー～「100人以下」のイベントでの感染確率は「ほぼゼロ」である～』**（https://38news.jp/economy/15456）。

この記事における主張は以下の通りです。

①「過剰自粛」は経済を疲弊させ、恐ろしい帰結を導く。

②だから、そのイベントの開催メリットとデメリットを比較衡量しつつ是々非々で開催／キャンセルを判断すべき。

③そして、現下の感染状況では、百人以下のイベントの感染確率は「ほぼゼロ」であるから、その点を踏まえ、その必要性に応じて是々非々で開催判断をすることが適当である。

記事をしっかりと読んでいただいた理性的な方は皆、納得いただいたと思いますが、中には筆者の主張を批判・非難される方々が相当数おられました。

そうした批判・非難は、主として「百人以下でも感染者が出ているのに、そんな主張はおかしい」というものでしたが、当方の記事を読んでいただければ一目瞭然《いちもくりょうぜん》ですが、筆者は百人以下でも感染する確率が「ゼロ」であると言っているのではなく、「ほぼゼロ」だと言っているわけで、当然、百人であろうが、十人であろうが、はたまた二人であろうが、他者と接触すれば感染が広がるリスクは当然存在します。

したがって、当方の記事を批判・非難される方のほとんどが、記事内容をあまり確認しないで、タイトルのイメージだけで批判・非難されている方が大半のようでした。

（他のパターンとしては、「イベントの質を考慮していないじゃないか。閉鎖空間のイベントは危ないだろ！」というのもありましたが、当方の計算は、そのイベントに感染者が含まれている確率を計算しているものです。言うまでもなく、感染者がイベントに含まれていなければ感染することはありませんから、当方の確率値は感染率の「上限値」を意味しているのです。したがって、当方の確率値はかなり〝悲観的〟なものになっているのです）

いずれにせよ、当方の「百人以下ならほぼリスクゼロ」という、単なる「客観的事実」の情報提供がこれだけ批判・非難されるのは、世間がパニック状態、ヒステリー状態にあることの証左です。

ヒステリーを起こしている人は「それ、ヒステリーだよ」と冷静に指摘されれば、ヒステリーをさらに加熱させるということがしばしば起こりますが、今回まさに、そういう事態が起こっているわけです。

さて、こうしたコロナについてのヒステリー状況が巻き起こっている理由には、実にさまざまなものがありますが、その最も根源的な理由の一つが、「過剰自粛がどれだけ危ないものなのかを、一般の国民はほとんど理解していない」というもの。

日本は、（一九九七年の消費増税を皮切りとして始まった）九八年からとてつもない「デフレ不況」に突入してしまいましたが、デフレに突入した九八年から、自殺者数が一気に年間一万人も増えてしまったのです。

その後、十年以上もその状況が続きました。二〇一〇年代に入ってようやくその死者数も減り始めたのですが、この推移から「このデフレ不況に『よって』増えてしまった自殺者数」を推計すると、実に十四万人以上という推計値となりました。

つまり大不況というものは、十四万人もの人命を奪い取るほどの、すさまじい「殺傷能力」を持っているのです。

今はようやく自殺者数も、デフレ不況になる「前」の水準にまで落ち着いてきているのですが、過剰な自粛を繰り返して、日本経済がさらに疲弊すればまた、瞬く間に自殺者が増加してしまうことは避けられないでしょう。

だから筆者は、せめて百人以下の、感染が含まれているリスクが大規模イベントよりも圧倒的に少ないイベントについては、その必要性を鑑みて是々非々で開催することが必要だと主張したわけです。

これはちょうど、クルマに乗れば事故で死ぬかもしれないが、その必要性を鑑みて、事故で死ぬリスクを「受け入れた」上で、クルマを使う、という話と同じなのです。特に電車があまりない地方の場合、クルマは必需品、になっていますよね。そんな場所でクルマが怖いからといって一切使わなければ、生活ができなくなってしまいます。

それが、「リスクと付き合う」という姿勢なのであって、今、コロナについてもそうした冷静な姿勢が求められているのです（実は、当方が長年従事してきましたリスクマネジメント／リスクコミュニケーションと呼ばれる学術分野では、こういう態度が「リスク・アクセプタンス」risk acceptance と呼ばれているのですが、リスク問題については、こうした態度が常に求められているのです）。

いずれにせよ、五人や十人、あるいは、数十人程度の会合やイベントをヒステリックにすべて中止していれば、皆、生活などできなくなってしまうのです。そして、皆がそれをやればやるほど、大不況になって、何万人もの命が失われてしまうことになるのです。だから、百人以下の規模のイベントなら、是々非々で開催していけばよいのです。

ただし、クルマに乗る時に必要なのは、「安全運転」。イベントを開催するなら、マスクを全員が着用する、消毒薬で手を洗う、換気をするという対策が必要です。

ついては読者の皆さん、コロナリスクに対しては、冷静に、理性的に対処いただきたいと思います（そしてもちろん、政府は消費税を「凍結」し、あらゆる所得補塡《ほてん》、損失補塡を徹底的に進める、というくらいの対応が必要です）。

さもなければ、未曾有《みぞう》の大不況に突入してしまうことがもはや避けられないような状況に、我が国日本は立ち至っているのです。

（『表現者クライテリオン』メールマガジン　2020・3・9）

政府の緊縮が、「医療崩壊」と「大不況」を導いた

緊急事態宣言下では、「八割」の社会的な接触制限が要請されました。

緊急事態宣言は、一体何のために出されているのかというと、感染の急激な拡大（いわゆるオーバーシュート）を回避するためでもありますが、その法律的な意味における直接的理由は、「医療崩壊」の回避です。

「医療崩壊」というのは、感染症の医療需要が供給量を大幅に超過してしまって、適切な医療を施せなくなって、助かるはずの命が失われていくような状況になることを言います。

そして政府はこの医療崩壊を避けるためという大義名分の下、「自粛してください！」と全国民に呼びかけたわけです。TVのワイドショーやニュース番組の司会者たちは皆、「我々が自粛を国民に依頼し続け、感染を抑え込み、医療崩壊を防がねばならない！」という責任感に燃え、連日、自粛、ステイホームを国民に呼びかけ続けました。

そして、多くの国民は真面目にこうした呼びかけに従い、結果、ますますTVを朝から晩まで見続け、「医療崩壊を防ぐために、自粛しなけりゃイカン」という思いを深めました。

こうやって政府、TV、国民の三者によって作り上げられた「医療崩壊を防ぐために自粛せにゃイカン」全体主義は、いわゆる「八割おじさん」（西浦教授）の「八割の接触を下げれば感染爆発は抑えられる」という学術的提言によってさらに強化されました。

そして、Yoshikiのような人気タレントや有名スポーツ選手が手を替え品を替えTVに登場し「今はつらいかもしれないけれど、みんなで乗り越えよう！」というキャンペーンを展開し、自粛全体主義はさらにさらに強化されました。

こうして、多くの日本国民は、自粛こそが正しいことだと自らに言い聞かせ、自宅に滞在し続けてきたわけです。

その結果、社会や経済が根底から破壊されようとしています。家庭内でDVや虐待がエスカレートすると同時に、多くの中小企業が倒産する危機に直面し、かつ、地域の公共交通が溶解し、自殺に追い込まれる方が長期的に大幅に拡大しかねない状況に至っています。

要するに、今の日本国民はコロナの感染拡大による「医療崩壊」を防ぐために、「社会崩壊」に目をつぶりましょうという話になっているのです。

というよりもむしろ、地球よりも重い命を守るための崇高なる「医療崩壊・回避」の努力を国民一丸となってやっている時に、社会崩壊を防ぐ話など「不謹慎」極まりない、という話にすらなっているのが現状です。しかし、これは理不尽極まりない暴力的風潮です。

繰り返しますが、「自粛の強要」によって、DVや虐待は増え、倒産、失業が増え、挙げ句に犯罪や自殺が増加するリスクが存在しているのであり、これらを防ぐ努力が「不謹慎」であるはずはありません。しかも、医療崩壊のリスクを低減させないままに、社会崩壊の程度を回避する方法など、いくらでもあるのです。それをやらないのは、単なるバカか、さもなければ不条理な異常者です。

おおよそ、（感染を八割削減するためには「接触を八割削減する」以外の、もっと効率的な方法がいくらでもあるのですが、それについてはさておくとしても）医療崩壊を回避する最も基本的な対策は、医療供給力の増強のはずです。

そもそも今、コロナ対応病床は、日本中にあるすべての病床のうちのわずか〇・七％です。

そして、残りの九九・三％の病床は今、概して、「ガラガラ」の状況にあります。コロナ感染症に怯《おび》えた一般の患者たちが皆、通院を回避しているからです。

こういう状況を政府は知らないはずがありません。だから、普通に考えれば、国民に八割の接触回避を依頼する前に、「今、大量に余っている病床をコロナ対応病床に転換させる」という取り組みをすれば良いはずなのです。

実際、ドイツは、ＩＣＵ（集中治療室）一床増設に対し「五万ユーロ（六百万円程度）」の助成金を支払うという制度を作ったところ、ＩＣＵは一・四倍に増えたそうです。

医療従事者にしても、今、コロナ対応以外の病院では、大量に「余っている」状況にあります。

したがって、十分な手当を提示しつつ、全国の医療関係者にコロナ対応病院に来ることを提案すれば、大量に人材を調達することが可能と考えられます。

これは、現場の医療従事者に複数直接確認し、「間違いない」という確約を頂いている話です。例えば、開業医の多くは、大量の負債を抱えているにもかかわらず、コロナ不況のために患者が激減し、経営が大変に厳しくなっているそうです。そうした方々に「十分な手当」を提示すれば、彼らの貴重な医療技術を提供いただく可能性は十分考えられるでしょう。

人工呼吸器や、医療ガウン、ゴーグルなども不足していると言われますが、これについても例えば、アメリカのように「国家命令」として、全額国費負担を前提として民間に生産することを命ずれば、早期に確保することも決して不可能ではないでしょう。

しかし、残念ながら当時の安倍内閣はこうした取り組みを「何一つ」と言ってよいほど進めていなかったのです。

その結果、病床はさして増えず、コロナ対応の医療従事者もさして増強されず、必要な医療物資もさして増えてはいないのです。

それもこれもひとえに「緊縮財政」のせいです。

アメリカやドイツは、このコロナ対応についてはカネに糸目をつけずに、徹底的に政府資金を充当するという態度を取っていますが、日本では、三月いっぱいまでは「予算は予備費しかありません」と言い募っていましたし、四月以降も「補正が決まるまではコロナ関係費が計上されていない当初予算しかありません、だからやはり予備費しか使えません」ということになっていたのです．

つまり日本政府は、財務省が決めた日程と財布に唯々諾々《いいだくだく》と従い、そのせいで、医療供給力が全く上げられず、その必然的帰結として医療崩壊の危機を招いたのです。

その結果、政府はあろうことか「医療崩壊しそうだ！」と言って騒ぎ立て、それを防ぐ為に四月七日の時点で早々と国民に八割の行動自粛を要請したのです。でも、その間、自分自身は財務省と戦おうとはせずに、医療供給力を上げる努力を怠り続け、医療崩壊リスク低減の努力をすべて国民に押しつけ続けたのです。

なんという不道徳。この構図を認識した良識ある国民で、憤りを感じない国民はいないのではないかと僕は思います。

ただし、この構図に気付かず、財務省に牛耳られた政府のでまかせに踊らされ、「自粛全体主義」を自ら作り出し、政府の「医療崩壊・緊縮財政」に加担し、自ら社会を崩壊させ続けている国民もまた、重い罪を犯しているのではないでしょうか。

ついては、少なくとも心ある読者だけでも、ぜひ、この情けなき、罪深き状況を認識いただきたいと思います。そうした現状認識が十分にできた国民だけが（おそらくそれができるのは、この広い日本の中でもごく一部に限られているのではないかと思いますが）、この危機から逃れ出るための正しき道を、しっかりと考え得ることができるのではないかと思います。
（『表現者クライテリオン』メールマガジン　２０２０・５・４）

コロナ対策費を都道府県に徹底支給せよ

新型コロナウイルスの感染が急速に拡大する中で、とりわけ大切なのは、政府がオカネをしっかり使って「医療供給力」を高める取り組みをしないといけない、という点ですが、驚くべきことに長い間ほとんど進んでいませんでした。

政府の態度の本質には「緊縮財政」という、国民よりも政府のサイフを大切にする強烈な「ケチ思想」があるのですが、この「緊縮財政」によってまさに実現化しかかっているのが「医療崩壊」です。

例えば、これまで、感染症患者のための病床は百十八床しかなかったが、これを最大で四千にまで増やしますよ、と決めたという報道を見た時、当方は文字通り「ひっくり返る」くらいに驚きました。何が驚いたかといえば、これが報道された三月二十三日の時点で、感染症病床が都内で百十八しかなかったということです。

そもそも東京都には、千三百九十五万人の人々が住んでいます。その内の仮に（韓国レベルの）「〇・〇二％」が罹患《りかん》すれば二千七百九十人が感染者となります。あるいは、最悪のケースとして、イタリアの「〇・二％」という水準になったとすれば、感染者数は二万八千人となります。

当時はまだ、軽症者を自宅療養で対応するという方針も確定していませんでしたから、もうこれだけで百十八という数字では桁違いに少な過ぎることが分かります。

ここで仮に軽症者をすべて自宅待機にさせるという方針を完璧に採用したとしても、二割は中症化・重症化すると言われていますから、韓国レベルの感染でも病床は最低五五八床が必要になりますし、イタリアレベルに達すれば五五八十床が必要になります。

つまり、どこをどう考えても、「百十八床」ごときでは全く足らないのです！

こんなことは上記のような簡単な計算ですぐ分かる話なのです。しかも政府は、「学校を閉めろ」だの「イベントを自粛せよ」だのと言っていた二月下旬からおおよそ一カ月もあったのに、その間、感染者数が確実に全国最大となる東京都において、病床数を全然増やそうという努力が、「全く」なされていなかったのです！

では、なぜ、一カ月間も対策をしてこなかったのかと言えば、その最大の理由は三月下旬になるまで「予算が議会で成立しないため、病床を増やすなんていう、オカネのかかる話を議会で提案するのが難しかったから」です。つまり、霞が関と永田町の政治家と役人たちは、この非常事態においてすら、平常時の「行政段取り」を頑《かたく》なに守り続けたのです。

とはいえ、それが何月何日であろうが、議会で予算を成立させ、速やかに病床を増やすことなど、いとも容易で可能です。

つまりそれほどまでに我が国政府は、危機感を持たず、かつ、国民の命よりも政府のサイフを頑なに守ろうとする緊縮思想に染め上げられてしまっていたのです。

したがって、こんな平常時における「緊縮思想」にこだわり続けていけば、救える命も救えない、悪夢のような状況が訪れることは避けられません。

そもそもコロナウイルスで重症化した患者（若年罹患者の場合は約一%、高齢罹患者の場合は約一三~四〇%の確率で重症化します）は、人工呼吸器やICUを用いた適切な処置さえ施せば、四人の内三人までもが救われるからです。しかし、そうした処置ができなければ、重症化すれば大なる可能性で命を落としてしまうのです。

この状況を何とかするには、病床確保、人工呼吸器などの機器の拡充が必須であり、そのためには、潤沢な資金が必要なのです。

では、誰において潤沢な資金が必要なのかというと、それは実は中央政府ではなく、地方自治体、つまり都道府県なのです。なぜなら、政府の感染症対策の「主体」は、実は、中央政府ではなく地方政府であると感染症法に定められているからです。

ところが、都道府県には感染症対策の「権限」はあっても、「財源」はありません。そもそも都道府県の医療関係費は、コロナ対策という特別なもの以外の項目に使われるものですから、今のところコロナ対策のための財源は基本的にほとんどないのが実情です。

こういう時こそ、中央政府、ならびに日本銀行が徹底的に地方自治体支援をしなければなりません。

第一に考えられるのが、地方交付税交付金の支給。

今、「自治体支出の八割を政府が負担する」上にまた、さらに「十五億円」を支給するということが報道されていますが、これでは全く足りません。

この程度の水準だったからこそ、病床が東京ですら長らく百十八床しかなかったのですから、この支給額を徹底的に拡充することが必要です。

だからこれと併せてなすべきは、自治体「負担」の部分も、自治体の財政を悪化させないようにすることなのです。

そもそも「地方財政健全化法」なる法律があり、これが今、都道府県の政府支出に厳しい規制をかけています。いわゆるプライマリーバランスの「赤字」が膨らまないように、自治体が勝手に、大量の公債を発行できないようになっているのです。

そしてこの「縛り」のせいで、コロナ対策のために、自治体が大量の公債を発行することに、大きなためらいを感じており、そのせいで地方のコロナ対策が進んでいないのです。

上記のように、中央政府も交付金制度を使って自治体のコロナ対策費の八割を負担するとは言っていますが、残りの二割は自治体負担であり、そのための公債を発行することに、自治体は大いに戸惑いを感ずるわけです。

さらには、病床を抜本的に拡充するための大規模支出を自治体がやろうとしても、政府がそれを認めなければ、全額負担になってしまい、結局、病床が増えないという事態にもなってしまいます。

こうした問題を解消するには、
①臨時特別の地方債（例えば、感染症対策・臨時財政対策債）を自治体が発行する。
②その地方債はあくまでも臨時特別のものであるから、コロナ対策のための「特定財源債」とし、自治体が、特別会計で管理することとする。
③その「自治体負担を軽減」するために、（緊急時における臨時特別の措置として）すべて日銀が買い取ることを前提とし、超長期の債券、あるいは半永久的な借り換えを可能とする。それと同時に、地方財政健全化法が定める公債発行規律の「対象外」として扱うこととする（したがって、当該自治体は、財政健全度にかかわらず十分な資金調達が可能となり、かつ、以後の財政健全度を毀損《きそん》させない）。

つまり、日銀と協力し、日銀が買い取ることにすれば、自治体は、「返済」を気にせずに自由に公債を発行することができ、潤沢な資金調達が可能となるのです。これさえできれば、コロナ対策は一気に進むことになるでしょう。

さらには、この枠組みを使って、「地方の産業支援」の一環として、企業の損失を補塡するなどの「コロナショックに伴う経済対策」を行うこともできるでしょう。

一方、日銀側からしてみれば、これまで対象ではなかった「地方債」も買い取りの対象となれば、金融政策の買いオペレーションの幅を拡充でき、より深い金融政策を展開することも可能になるとも言えます。

今までの慣例では、日銀が地方債を買い切ることは一般的ではなかったわけですが、この非常事態においては臨時特別の措置ということで、「異次元緩和」の一環として推進していけばよいわけです。

ということで、地方自治体が「感染症対策・臨時財政対策債」を大量発行し、それを特別な形で日銀が買い取りさえすれば、日銀はより柔軟な金融政策が可能となり、かつ、自治体は十分なコロナ感染症対策やコロナ経済ショック対策を徹底的に進めることでき、感染症で死亡する多くの人々を救うと同時に、経済不況によって苦しめられる人々を救うことが可能となるのです。

また、こうした「金融政策」の枠組みでの資金調達で、かつ、財政赤字の拡大としてカウントしないことを前提とすれば、仮に財務省が「プライマリーバランス規律」を持ち出してその支出を締め上げようとしても、この債券については特別に規律の「対象外」としてあるので、その金額の水準決定において財務省との協議も不要となり、「現場での必要性」だけに基づいて、十分な財源調達が可能となるところも重大な特徴です。

いずれにしても、「コロナから国民の命を守る」「コロナ〝大不況〟から国民経済を守る」ということが可能となる体制を整えるためには、平常時のルールや仕組みにこだわることなく、文字通り「異次元」かつ「非常識」なアイディアと理念を活用しながら、政府と日銀と自治体の力を結集していくことが求められているのです。

ぜひとも、本稿に目を通された政府、日銀、国会、官僚、エコノミストの皆様方、本アイディアが実現していきますことを、徹底的にご支援いただきたく存じます。

（『編集長日記』２０２０・４・３）

「新・専門家会議」の学者たちに日本は潰される

政府が、コロナ対策のための「専門家会議」を解体して「新・専門家会議（新型コロナウイルス感染症対策分科会）」を構成しました。当方はこれまでの専門家会議は感染症が専門の先生方ばかりで、「危機管理」や「経済」「社会」を見据えた議論ができない、だからメンバーの入れ替えが必要だという考えを聞きましたから、新メンバーを楽しみにしていたのですが……ハッキリ言って絶望的。

これでは、「自粛」を強要する尾身茂氏らと「緊縮財政」を主張する小林慶一郎氏に挟まれて、日本はボロボロにされて沈没するほかない、と思わせるに十分なメンバー構成でした。

結局、感染症・医学系以外の社会科学系の専門家として入ったのは、以下の方々です。

小林慶一郎・公益財団法人東京財団政策研究所研究主幹

大竹文雄・大阪大学大学院経済学研究科教授

この二人は典型的な、消費税増税論者の緊縮派。口が裂けても「国債を刷って、徹底的に政府補償しましょう！」とは言わない面々です。この二人が新型コロナ感染症の分科会にいる限り、日本がコロナ不況から脱却できる見込みはゼロ。で、この二人を選んだということで、日本政府は補償しない、潰れる企業は潰れろ、と高らかに宣言したのと同じなのです。

しかも、尾身氏の「とりあえず念の為に自粛」路線に異議を唱える学者も見当たりません。以下そのあたりを解説したいと思います。

まず小林氏。元慶應義塾大学経済学部教授で、コロナショックに対する「経済政策についての共同提言」を東京財団にて取り纏《まと》めて公表しています（https://www.tkfd.or.jp/research/detail.php？id=3361）

この提案で彼は「（コロナ後に）大きく急速な産業構造変化が起きると予想されるが、それには企業の退出（廃業、倒産）と新規参入による新陳代謝が不可欠である」と主張しています。

筆者はこの文章を見た時、我が目を疑いました。なんと言っても彼は、このコロナ禍の機会を利用して、潰れるべき中小企業にはいっぱい潰れてもらおう、と言っているのですから。とても「まっとうな人間の言説」とは思えません。

また彼は東日本大震災の直後には、「復興支援への合意が得られやすい現在は、政治的には増税の好機である」と発言しておられます。

これも酷《ひど》い発言です。要するにここでも『本当は僕はずっと増税したいと思っているんだけど、国民がバカでなかなか賛成してくれないからこれまで増税できなかった。でも、震災が起こって、その支援が必要だという名目で、みんな増税に賛成しやすくなっている。誠にラッキーでありますッ』という主旨の発言をされていたわけです。

だから彼は大なる可能性で「コロナ増税」を言い出すことでしょう。

実際、政府内にはこんな声もちらほら出てきています。

『コロナ対策 税収増やす施策検討を首相に要望 自民 石原氏ら』（「新型コロナウイルス対策をめぐって、自民党の石原元幹事長らは、多額の財政支出が将来世代の負担にならないよう、税収を増やす施策を検討することなどを安倍総理大臣に要望しました」＝NHK七月一日配信）

こういう勢力が政府与党内には今日、強力に存在していますから、小林氏はこういう声を「学術的」にサポートする言説を散々繰り返すことになるでしょう。

さらには、「財政再建が経済成長率を高める」という記事を公表していた前歴もあります（https://weekly-economist.mainichi.jp/articles/20190212/se1/00m/020/005000c）。

なんと驚くべきことに、増税をやって財政再建すれば、それによって経済は成長するんだ、というトンデモ理論を何の臆面《おくめん》もなく公表できてしまう方ですから、やはり大なる可能性で「コロナ不況から脱却するには財政再建が必要だ。だから、増税と支出削減が必要である」と主張することでしょう。

続いて、大竹文雄氏。

大竹氏は、下記記事にて、消費税は特に逆進性の高い税金ではない、と主張しています。

つまり、消費税に反対する人々はしばしば、「消費税は金持ちには優しく、貧乏人には厳しい税金だ！」と批判するが、そんなことありませんよ、とおっしゃっているわけです（http://www.computer-services.e.u-tokyo.ac.jp/p/seido/output/Horioka/horioka027.pdf）。

しかも、この記事の中で「基礎年金を消費税で全額賄う」という、凄まじく極端な話を提案しています。

ちなみに、この大竹提案に従えば、消費税率は一八％にしないといけなくなるという報告もあります（https://www.zenshoren.or.jp/zeikin/shouhi/080623-03/080623.html）。

何にしても、大竹氏は、典型的な消費増税派の経済学者で、「コロナのために積極財政を」なんてことは、とても言いそうにない方なのです。

次に、医学系、感染症系の新しい面子《メンツ》について見てみましょう。

少なくとも筆者の知る限り、ここに集められた専門家は、尾身さんが言う「とりあえず、念の為自粛しておきましょう」路線に異を唱えそうな方は見当たりません。

つまり、京大の宮沢孝幸先生、元厚労省の医系技官であった木村もりよ先生、医学博士で環境都市衛生工学を研究しておられる高野裕久教授など、筆者とこれまで共著論文を書いてきた研究者に代表される、より「緩和的」な感染症対策を主張する専門家が全く見られないのです。

例えば筆者は、木村もりよ先生との共著論文で、

①高齢者をより保護する対策を図り、非高齢者の自粛レベルは緩和的にすべし（「高齢者と非高齢者の2トラック型の新型コロナウイルス対策について」https://www.rieti.go.jp/jp/columns/a01_0584.html）と主張しましたが、こうした議論はこの新しい専門家会議から出されることはないでしょう。

あるいは、筆者は宮沢先生や高野先生との共著論文で、次のような感染症対策を主張していますが、こういう議論が主張されることも、恐らく全くないでしょう。

②行動自粛は一律八割という形ではなく、経済被害が大きいことを鑑み、段階的に、慎重にやっていくべき。

③行動自粛を要請するのは、医療崩壊リスクを回避するためだけであり、そこに余裕がある限り、軽々に自粛要請、緊急事態宣言は行わない。

④なお、特に注意すべき行動は「飲み会」であり、これに特に注意した対策を図る。

⑤目鼻口を触らない、というリスクコミュニケーションを徹底する。

⑥二メートルのソーシャルディスタンスは、必ずしも必要ない。マスクをしたり、黙っている状況では二メートルも必要ない。

筆者にしてみれば、①〜⑥は、経済を一定程度回しながら、感染拡大を最小化する上で極めて効果的な対策だと確信し、だからこそ、学術論文に記載しているのですが、今の専門家による会議からは決して出てくるような発想ではないのです。

なぜかというと、彼らは、「経済に対する悪影響を最小化しながら最も効果的な感染症対策とは何か?」を何も考えていないからです。彼らはただただ「感染症対策として何が必要か」を考えているから、上記のような発想は全く出てこないのです。
①感染症を抑えるなら「念の為」若い奴も自粛させておけば良いし、
②行動自粛は「念の為」全部の行動について要請しておけば良いし、
③医療崩壊リスクがなくても、もっと早めに「念の為」に緊急事態宣言を出しておけば良いし、
④飲み会だけ自粛させるんじゃなくて、「念の為」全部の行動について自粛させておけば良いし、
⑤目鼻口触らないっていうのは確かにコストはタダかもしれないけど、それ以前に「念のため」人に会わないようにしておけばそれで十分だし、
⑥確かに二メートルの距離がいらない時もあるけど、「念の為」二メートルあけておけばそれで良いし、――と考えているのです。
つまり、今の専門家会議は皆「念の為」専門家なのです。
でも、そのたかだか要らないだろうけれど「念の為」というもののために、私たちの経

済や社会はメチャクチャに破壊されるのです。だから、当方や宮沢先生、高野先生、木村先生は、「そんな念のため対策なんて、バカみたいな話だから、やめましょうよ！」と言っているのですが、今のところそれが全部無視されているわけです。

関西弁ではこういうのを「アホにもほどがある」と表現しますが、まさにそれですね。では、尾身さんたちはなぜ、そんなふうにして「念の為」なことばかり言えるのかと言えば、「念の為」によって商売ができず、収入がなくなり、倒産し、貧困のどん底に貶《おと》められる国民がたくさんいる、という現実が見えていないからだと考えざるを得ないでしょう。

それならば、経済の専門家が入って、「そんな念のため、なんて話は無駄だからやめてくださいよ！」と言ってくれればいいのですが、前出の小林氏や大竹氏らがそんなこと、絶対言うはずないですよね。

なんと言っても、感染症のことについてはズブの素人なので、「念の為の無駄な対策」なのか「本当に必要な対策」なのかの判断がつかないからです。

したがって、尾身氏と小林氏という学者を横にならべても、何の化学反応も起きないのです。

尾身氏はこれまで通り、すべて「念の為こうしておきましょう」とだけ言い、小林氏らは「企業は潰れてもいい、でも財政は余り出しちゃダメ」とだけ言うことになります。

彼らからは下らない提案しか出てこないでしょう。でも、何も知らない無垢《むく》な国民は、「専門家の皆様方がこうおっしゃってるんだから、しっかり自粛しましょう」なんてやるんでしょうね。

ところで、尾身氏が主張する最もまともな主張が実は、一つだけあります。それはつまり、「休業要請するなら補償金を出すべきだ」という主張なのですが、もちろん、小林氏や大竹氏らにきっちり潰されるでしょう。

もうちょっと具体的に言うと、次のような顚末《てんまつ》になるでしょう。

まず、尾身さんたちが「自粛」を主張した時、小林氏や大竹氏らがいる限り「それじゃあ、休業補償を出しましょう」ということには絶対ならないし、経済がどれだけ冷え込んでも「それじゃあ、消費税減税をやりましょう」ということには絶対ならない。

その代わり、尾身さんたちが「自粛」要請したら、「それじゃあ、カネを借りれば何とかなる企業だけ支援して、それは無理だって企業には、潰れてもらいましょう。その方がちょうどいいですよ。日本には無駄な生産性の低い企業が多すぎますから」ということになります。

それに対して、政府も「そうそう、それなら、財政出さなくていいしね」ということになる。そうすると、尾身さんたちも、罪の意識を感じずに思う存分、自粛要請を出せるようになるでしょう。潰れる企業がいても「まぁ、その方がいいって小林さんたちが言っていたし」ということになるわけです。

さらに尾身さんたちが、「自粛を効果的にするには休業補償が必要ですよ」と言えば、小林氏たちは「いいですよ。補償しても。でも、アフターコロナでしっかり増税してもらいますからね」と言うに決まっています。そうなると尾身さんたちは、休業補償を言いにくくなっていくでしょう。

ちなみに当方、内閣官房で参与というのを六年間やっていましたが、その中で委員会をどうつくるかとか、その委員会の中でどういうふうに議論を展開するかを一生懸命考えてきましたので、会議の面子をみればおおよそどういう方向で議論されるのか、そして、そういう委員会をつくった官邸や大臣にどういう意図があるのかが分かるのです。

なので、上記のような顚末《てんまつ》になることが、筆者にはよく分かるのですが、もうここまでくれば、政権が変わるしか日本が救われる道はないんじゃないか、という気分になってしまいます。

（『編集長日記』 2020・7・4）

最悪二十七万人が自殺に追い込まれる

今、日本は新型コロナウイルスによる感染爆発、医療崩壊を回避するという名目で、不要不急の外出自粛と自宅待機が呼びかけられています。

多くの国民もこのキャンペーンに協力し、一部の国民が、「不要不急」と見なされ得るバーベキューやパチンコなどに出かけるや、激しくバッシングされる状況にあります。「自粛警察」とも呼ばれる「感染爆発・医療崩壊の回避という絶対正義」を掲げた全体主義的な社会的抑圧によって、多くの国民は自発的な自粛というよりはむしろ「萎縮《いしゅく》」し、その有効性についての判断は半ば思考停止しつつ、半強制的に自宅に閉じ込められる状況に至っているのが実態です。

これによって感染の拡大が抑制されている可能性はもちろんありますが、自粛により、さまざまな弊害の深刻さが、日に日に明らかになってきている。既に連日報道されている人々のストレスは増大してDVや虐待が激化、大半の国民の所得は縮小し、仕事を失う人々も増大、そして収入が激減した多くの店舗や法人の廃業、倒産が相次いでいます。

ゴールドマン・サックスは、安倍内閣が四月時点で決定した緊急経済対策を織り込んでもなお、四―六月期の実質GDPは前期比で年率二五％下落すると予測。これは、国民一人あたり一年で百十一万円もの所得を喪失する速度の経済悪化であることを意味しています。

こうなれば確実に凄まじい失業率の増加を招くことは必至です。

そもそも「八割おじさん」西浦教授は、対策を何もしなければという（現実的にはあり得ない）前提で、感染死は数十万人に至るから八割自粛が必要だと主張したのですが、今度はその八割自粛のせいで自殺者数が増加することが懸念されるわけです。だから、適切な政策方針を考えるには、自殺者の増加についての見通しを持つことも必要となります。

筆者がユニット長を務める京都大学レジリエンス実践ユニットでは、計量経済学の手法を用いて二〇二〇年度以降の自殺者数の推移についてのシミュレーションを行いました。

その結果、実質GDPが二〇二〇年度において十四・二％下落し、失業率はピーク時で六・〇％～八・四％に到達し、累計自殺者数は約十四万人～二十七万人増加するという結果となったのです。これには私も驚きました。

詳しく見ていきましょう。一九三ページのグラフは、このたび推計された自殺者数の推移です。まず、二〇一九年まで振り返ります。ご覧のように、一九九七年までは自殺者数は年間二万人程度で推移していました。しかし一九九七年の消費増税によって日本はデフレ不況に突入し、その結果、倒産、失業が一気に拡大、自殺者数は一万人も急増して三万人を上回る水準に至りました。

その後日本はデフレから一向に脱却できず、自殺者数は高止まり。ただし（失業率が下落し始めた）二〇一〇年頃から徐々に自殺者数は減り、最近では再び二万人程度の水準に戻っていました。つまり、一九九七年増税によるデフレ不況で、日本は約二十年間も自殺者が増えていたのです。結果、二十年間で約四十万人となるはずの自殺者が、トータルでそれより実に約十四万人も増えたのでした。

一方、今回のコロナ不況で、上記のように実質成長率は実にマイナス一四・二％に至り、その煽《あお》りを受けて失業率は六・〇～八・四％に至ると予想されます。これは、緊急事態宣言が出されたという状況を踏まえ、かつ、消費税は一〇％に据え置かれる前提での値です。そしてコロナ収束後に経済が平常状況に戻っても、今のデフレが常態化した日本では年率一％未満の成長しかできず、コロナ不況前の状況に戻るのに楽観シナリオで十九年、悲観シナリオでは二十七年もかかることが分かったのです。

これは、一旦大きく落ち込んだ経済が、ここ約二十年間の平均成長率に基づいてゆっくりと回復していくと想定した結果推計された年限です。そしてその間に自殺者の増加数が少なくとも十九年間で十四万人、最悪では二十七年間で二十七万人に上るという結果になりました。つまり、累計自殺者の増加数は、一九九七年の増税によるそれと同程度、ある

自殺者数の推移

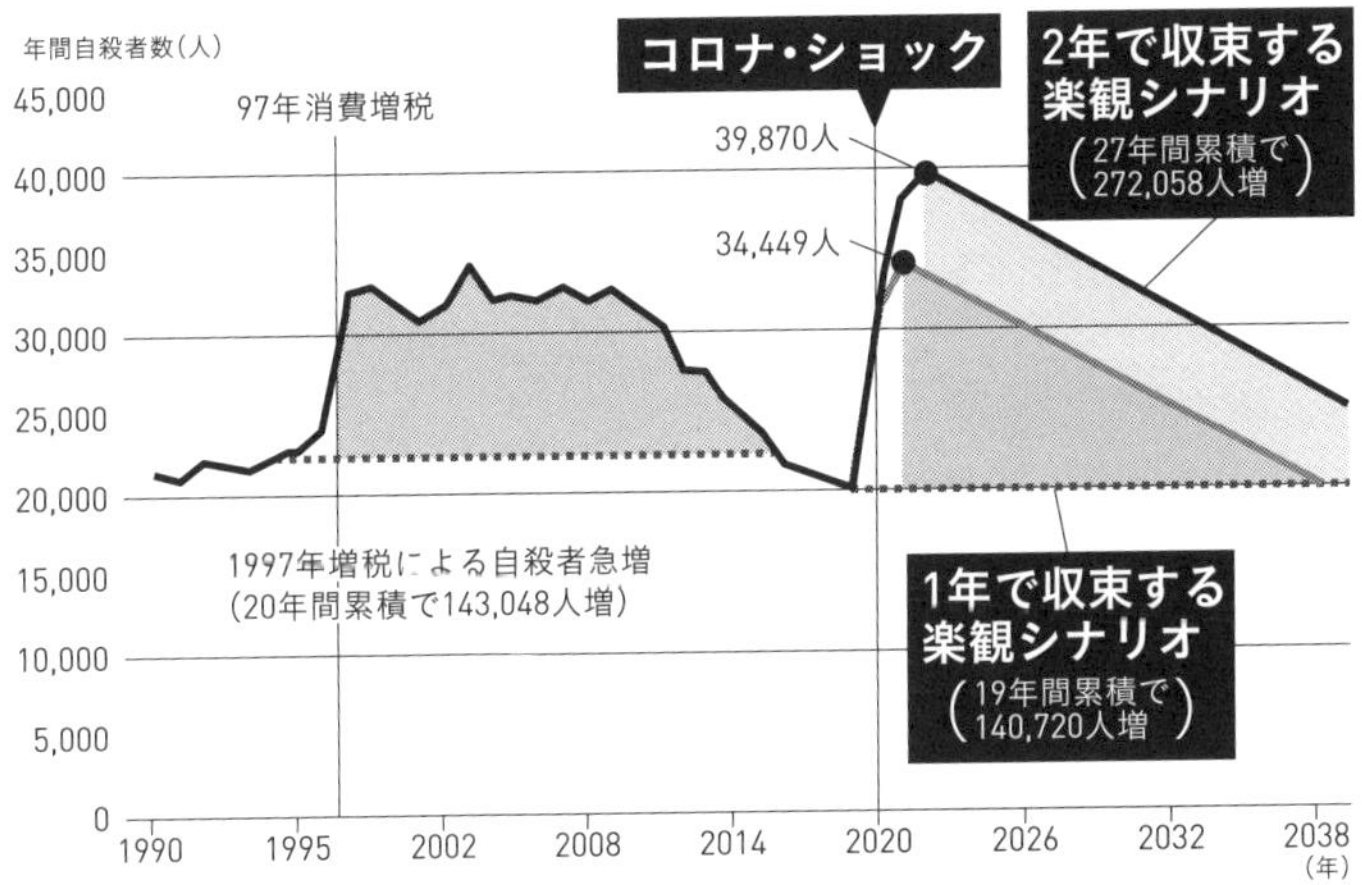

いは、その二倍程度の水準に至ると予期されたのです。

　以上のシミュレーションは、西浦教授が示した「最悪の感染死者数」なるものに匹敵する水準の自殺者数が、彼が提案した「八割減」によってもたらされる可能性を示しているのですが、筆者はここで、信憑《しんぴょう》性の視点から言うなら、実証データに基づく我々の計算は西浦氏のそれを圧倒しているという点を強調しておきたいと思います。

　そもそも西浦教授が準拠する「二・五」という基本再生産数（一人の感染者が感染させる人数）は、WHOの示す「上限値」なのですが、これは今の日本には明らかに高過ぎます。

　そもそも、西浦教授が八割減を言い出した四月上旬、既にほとんどの国民が手洗い、マスク着用を励行し、宴会やイベントはほぼ自粛されており、基本再生産数が「上限値」である可能性は万に一つもない状況でした。

しかも彼のシミュレーションでは本来は「六割」だったのだが、歓楽街での感染は止められないとの彼の主観的な見込みで、それに（一切の定量的根拠もないままに）二割を水増しして八割にしたといいます。しかし、緊急事態宣言下の歓楽街の諸店舗はほとんど休業していたのであり、その意味でも八割は明らかに過剰だったのです。つまり彼が主張する「八割」という数字には一切何の根拠もなかったのです。

しかも「接触を減らせ」と西浦教授は言いますが、別に「接触しても感染させないこと」は可能です。

我々京大ユニットではそうした視点から、ウイルス学が専門の宮沢孝幸京大准教授と共にその感染メカニズムを徹底的に踏まえつつ、社会心理学・行動心理学の視点も加味した上で最も効果的効率的な「感染防止策」として手洗い・マスクに加えて①目鼻口を触らない②換気の徹底③会食時の会話に気をつける（だから当面は宴会自粛）、という三つに配慮する「だけ」で十分だと提案しています。こうすれば、これ以上過剰な自粛を続ける必要はありません。「自粛」の水準を一定程度緩めつつ、外出時にしっかりと「自制」する、そうした「半自粛／半自制」の取り組みによって、社会経済活動を一定再開させつつ感染拡大を防ぐことができるのです。

いずれにせよ、我々社会工学・社会心理学・リスクマネジメントの研究者からすれば、そもそも「接触機会八割減」は経済や社会に対する配慮が圧倒的に不足しています。そもそもゴキブリ一匹を退治するために家全体を燃やすような愚は避けねばなりません。殺虫剤で事足りるはずです。

ところで、こうした経済危機に伴う自殺は、政府による経済対策で大幅に軽減できるにもかかわらず、安倍政権は十分な対策を打とうとしていない、という点は強調しておかねばなりません。これはつまり、国民は今、安倍政権に「見殺し」にされつつあることを意味します。

そもそも我々の自殺者数シミュレーションは、今回の百十七兆円の緊急経済対策なるものを前提としています。安倍内閣はこの対策が「世界最大級」だと胸を張りましたが、その中身の実態は先進国の中では「世界最小級」です。一般に政府自身が赤字国債などで調達し政府の財布から支給する資金のことを「真水」といいますが、国内に振り向けられる真水はこの百十七兆円のうちわずか二十五兆円しかありません。アメリカは既に三百兆円の真水を決定していますが、日本のそれはそのわずか十二分の一しかないのです。

しかも、その予算執行は、何と五月からでした。諸外国の給付は、感染者が出たのが日本よりもずっと遅かったアメリカですら四月中旬からです。欧州諸国もほぼ同時期に給付を開始しており、スピードにおいても規模においても、日本は欧米諸国に著しく見劣りするのでした。

それもこれも財務省に籠絡《ろうらく》された安倍内閣が、「国民の生命」ではなく、プライマリーバランス（基礎的な財政収支、政府の収入と行政支出の差額）黒字化という「財政規律」を守ることを圧倒的に優先しているからです。本来なら、少なくとも速やかに消費税凍結を含めた百兆円規模の真水の支出が必要不可欠な状況なのですが、そうした議論が永田町から一向に聞こえてこないのは、こうした事情があるからです。

その結果、我々日本国民は今、新型コロナウイルスで命を落とす以前に、財政規律を死守する政府によって殺《あや》められかねない状況に置かれています。我々日本人は「平和ボケ」だと長らく言われ続けてきたが、そろそろ目覚めなければ、自分たちの生活はもちろんのこと、命すら失うことになります。

一人でも多くの日本国民の「覚醒《かくせい》」を期待したいと思います。

（『週刊新潮』　2020年5月21日号）

第5章

日本人よ、「コロナ」がそんなに怖いのか

対談 小林よしのり×藤井聡

「死の不安」におののく集団心理

保守の正体もサヨクと同じ生命至上主義者だった――自粛騒ぎが示すものは「死の不安」におののくニヒルな集団心理。テレビでは絶対に聞けない本音トークに耳傾けよ！

小林よしのり（こばやし・よしのり）

1953年福岡県生まれ。大学在学中に漫画家デビュー。『東大一直線』『おぼっちゃまくん』など数々のヒット作を生む。1992年、「SPA！」にて『ゴーマニズム宣言』の連載を開始、幅広い社会問題について論争を展開する。『新・ゴーマニズム宣言SPECIAL 戦争論』は言論界にも大きなインパクトを与えた。2010年より「ゴー宣道場」を主宰。西部邁との共著に『反米という作法』『アホ腰抜けビョーキの親米保守』『本日の雑談①～⑧』がある。

日本の感染のピークアウトは「八割自粛」とは無関係だった

藤井▼『FLASH』連載の「よしりん辻説法」（第四〇回、五月十二・十九日号）でコロナについてお書きになっていましたね。あれを読んでうちの家族がいたく感動していました。

小林▼コロナ対策で大事なのは「集団免疫を作ること」と「重症者への治療に絞って死亡者数を減らすこと」の二点だと描いた。毎年、インフルエンザでは三千人、関連死も入れれば一万人が亡くなっているし、「老人の最後の命の灯《ひ》を消す病気」とも言われている。それなのに「新型コロナ」となったら何でこんなにパニックになっているのか、わしにはさっぱり分からんのよ。

藤井▼小林先生はブログや動画でも、現状は「自粛ヒステリーだ」という論を展開されていますね。

小林▼批判ばっかり来ますよ（笑）。「コロナであれ何であれ、八十、九十のお年寄りが死ぬのはほとんど寿命だ」とか書くと、みんなものすごく怒るよね。「身障者は死んでもいいと言っているのと同じだ」とか「優生思想だ」とか言い出す人もいて、もう狂気の沙汰《さた》でしょ。どうやったって人は不死身じゃないんですから。

しかもきちんとした反論ではなくて、ただ怒っているだけ。わしの言っていることがおかしいなら、どこが間違っているのかちゃんと指摘してくれればいいのに。わしの言っていることの何がそんなにイラつかせるのかが分からないんですよ。

高齢者の死亡率が高くなるのは当たり前のことでしょう。「高くなる」と言ったって、日本の場合、死者数自体はとても少ないですよね。わしは毎日毎日、感染者数、重症者数、死者数のグラフをチェックしているけど、誰かが言っていたような「三週間後にはイタリアやニューヨークのようになる！　指数関数的に感染者が増えて死者が一万人を超える！」という事態にはもう、絶対ならないでしょう。

藤井▼そうですね。もちろん自粛したからこの程度で済んでいる、という面はあるのかもしれませんが、実はそうでもないようにも思えます。そもそも日本の新規感染者のピークアウトが四月十一日なんですが、それって「感染発覚日」なんです。実際は、その日の二〜三週間前に「感染日」というのがある。実際、専門家会議も「感染日」のピークは三月二十七日だったと公表している。ということは、八割自粛を言い出した緊急事態宣言の四月七日の十日以上も前に、感染する人たちは「減り始めていた」わけです。だから、今の感染発覚者のピークアウトに、緊急事態宣言による「八割自粛」は一切何の関係もなかったわけです。これを踏まえると、日本は緊急事態宣言を出さなくても、おっしゃるようにニューヨークのようにはならなかったということは、科学的に明らかになっているわけです。もちろん四月七日の時点では分からなかったでしょうが、四月下旬時点ではもう明らかだったわけです。

小林▼『ＳＰＡ！』（五月十九日号）でも描いたけど、十年ほど前の二〇〇九年に流行した新型インフルエンザは初年で二千万人が罹患《りかん》して、以降も毎年百万人が罹って、直接間接あわせて三千人から一万人が死んでいる。予防接種や特効薬があってもそのくらいは死ぬんですよ。コロナだって新型で治療薬がないから二千万人は罹患してもおかしくない、と最初から思っておけばいいわけでしょ。問題は死者数であって。

そう考えれば今回の新型コロナなんて感染力も致死力も弱い、全く怖いものではないことは、もう明らかですよ。欧米と東アジアでどうしてこんなに差がついたのか、確かにまだ分からないところもあるけれど。

藤井▼各国、それぞれなにがしかの対策は行っていますが、それにしても東アジアと欧州では死者数も感染者数も雲泥の差がある。欧州ではハグやキスが多く、靴を履いて家の中を歩き回る一方、東アジアは土足が少なく、箸を使うので接触感染リスクが低く、かつハグやキスもしないなど文化的な面を含め、さまざまな要因があると言われていて、どれが決定的要因なのかまだ分からないようですが、死者数の拡大率には雲泥の差があることは事実です。

小林▼日本は新型インフルエンザの感染者数も少なかったよね。アメリカはインフルエンザの患者数が毎年多くて、今年もすでに一万人と言われていたところにコロナが来たから大変なんだけれど。

もちろん新型コロナだって、罹《かか》った人は大変だったろうし、話を聞けば「肺炎で苦しかった」って言いますよね。メディアはわざわざそれをお茶の間に流して「こんなに怖いぞ」と印象付けるけど、インフルエンザで死ぬ人だってみんな苦しんではいるよ。最初はデータがないから警戒するのは分かるけど、推移を見ていったら、季節性のインフルエンザよりも被害は相当少ない。それなのに緊急事態宣言までやって、さらにその状態をひと月以上も続けるなんて、もはや異常だよね。

「集団免疫」がNGワードになった日本は、クラスター対策一本に固執する

藤井▼「集団免疫」というお話が出ましたが、一般的な疫学的議論では、極めて当たり前の常識的概念なんですが、どうやら今の日本ではこれが、完全なNGワードになっている。もうこれを口にするだけで「命を軽視する極悪人！」みたいな扱いをされるという途轍《とてつ》もなく恐ろしい全体主義的状況が生じている。これはメディア上の話だけじゃなくて、政府に助言している専門家たちの間ですらそうなっている。WHO（世界保健機関）の西太平洋地域の事務局としてSARS対策にあたった尾身茂先生や、感染症の数理モデルの専門家である西浦博さんは、基本的に「クラスター対策」と言って、感染者を見つけて「事後的」にその接触者、接触者の接触者をしらみ潰《つぶ》しにチェックしていって感染者を見つけ出

して隔離する……という作業を繰り返し、最終的にすべてのウイルスを抑え込むべきだと主張しています。西村康稔《やすとし》担当大臣も国会答弁で、緊急事態宣言後は、このクラスター対策で「封じ込める」と言明しているのですが、どうやら、政府は集団免疫の力を使う気は一切ないようです。

疫学の世界ではこうした「抑え込み」を目指す戦略を「抑圧戦略」と言うのですが、各国でもこの抑圧派が主流です。一方でこの抑圧戦略と対をなすもう一つの戦略が、集団免疫を意識しながら対策を行う戦略、いわゆる「(行動)緩和戦略」なのですが、その要素を取り入れているのは主要先進国ではスウェーデンとアイスランド以外ほとんどない。日本も含めたほとんどすべての民主国家が「抑圧戦略」を採用しているのは、「ポピュリズム」との関係があるためだと思います。

日本はその典型ですが多くの国民は恐怖を煽《あお》るテレビ番組からコロナの情報を日々収集し続けているので、「怖い、絶対罹りたくない、ウイルスを一匹残らず早く駆逐してほしい」と思ってしまう。だから、「みんなで罹りましょう、重症化したら病院へ」という行動を緩和する戦略に対する忌避感はどうしても強くなってしまう。結果、緩和派はなかなか世論の支持を得られないんです。

小林▼完全におかしいよ。封じ込めると言ったって不可能で、そんなことを言っていたらワクチンが完成するまでずーっと自粛し続けなければいけなくなるし、企業はみんな倒産するよ。

藤井▼そうなんです。これがエボラ出血熱やSARSのように、罹患後の死亡率が二割、三割、あるいは六割というようなものであれば、罹った時点で医者に捕捉されるので、クラスター対策で撃滅する方法が正しい。しかし新型コロナウイルスはそうではなく弱毒性で、感染していても相当数の人が無症状なので、いくらクラスターを追跡しても医者や政府に捕捉される前に潜行してしまう。しらみ潰しにクラスターを追跡していく方法がなじまないウイルスなんです。案の定、患者が増えてくるとどこから感染したのか分からないルート不明感染者が増えてしまった。

いま政府に助言している専門家がなぜ「人との接触を八割減らせ」と言っているのかというと、彼らは人と人の接触を八割減らし、クラスター追跡できる状況に戻すためなんです。「接触が減ればクラスターを追跡して駆逐まで追い込めます」と言って、採用されているというわけです。

ところがそんなことをやっても、無症状感染者がいる限り、自粛を解除すれば早晩また感染者が増える。これから暖かくなると皆の基礎的な免疫力が高まりますから、一定抑え込めたように見えるかもしれませんが、遅くとも秋から冬頃になるとまた大なる可能性で第二波がやってくる。

仮に万一、日本で新規患者ゼロの日が続くようになったとしても、海外からの渡航を解除すればまた、今年の三月頃のように国内で感染が広がり始める。そのため、集団免疫ができるかワクチンができるまで感染者数は上がったり下がったりを繰り返さざるを得ません。その中から重症者も死者も一定の割合で必ず出てくる。だったら、最初から「ウイルスは完全には駆逐できない」という前提に立って、被害を「最小化」するという対処の方が、結果的には死ぬ人が少なくなることは間違いありません。

コロナの危険性がインフルエンザのそれよりも高いとは決して言えない

小林▼とにかく死ななければいいんですよ。感染したって。死者を出さないことにすべてのリソースをつぎ込んで、医療関係者への報酬を何倍にも上げて、現職でなくとも医療に知見のある人を再雇用するとかね。それ以外の元気な人たちは、免疫を獲得するためにもこれまで通り外で活動する。それでいいじゃないですか。

藤井▼そうなんです。私たちの試算でも、六十歳以上の方々を重点的に守れば、死亡者数は数%程度にとどめることができる。限られた国力を、最も弱い人々を守るために割いて、後の人たちはちょっと気をつけながら活動して経済を回すべきなのに、満遍《まんべん》なくすべてをカバーする絨毯《じゅうたん》爆撃をやっているので、経済が回らなくなることでかえって人が死んでしまうという危機を呼び込んでいるんです。

小林▼高齢者は餅《もち》をのどに詰まらせたって死ぬんですよ。新型コロナに関して言えば、死亡者のデータを見ても日本ではそもそも死者自体が少ない。欧米のデータを見ても、高齢者と基礎疾患のある人が中心ですよね。アメリカなどは肥満の人が多いし。そういう意味ではよくできたウイルスだよね（笑）。こんなによくできた病原菌ってあるのかなと思っちゃうけど。

藤井▼ウイルス学や医学の専門家の中にも、実は先生と同じことを言っている方がたくさんおられます。彼らと話していて出てくるのは、これまでも感染症が人類史に影響を与えてきたが、それは混乱ばかりではなかったという指摘です。高齢化が進み、少子化が進むと人口ピラミッドが「ピラミッド」でなくなっていきます。それでも経済が豊かであれば、その形を維持し続けることが可能ではありますが、経済が厳しい状況になっていくと、その形状の維持が難しくなっていく。しかし、伝染病などの流行によって高齢者が死亡してしまう状況があれば、「ピラミッド」の形に近づいていくことになる。かつてはそうやって、社会が維持されていた側面がある、という指摘です。もちろん今ではこういう考え方は受け入れがたいものでしょうし、高齢者を守り、いかなる人口ピラミッドの形状でも維持していきましょう、ということになっているとは思いますが、人類の歴史の中にはそういう史実が残っているという次第です。もちろん、彼らはそれを明確に口に出しづらいようですが。

小林▼わしは言っちゃうからね（笑）。

藤井▼また、別の環境衛生学の先生は、新型コロナはインフルエンザより世間に与える影響が少ないとも言えると指摘しています。インフルエンザは若年層でも一定の死亡率があるのですが、コロナの場合、若年層の死亡率は非常に低い。推計の仕方によっては、四十代以下では、インフルエンザの方がコロナよりも致死率が高くなります。

また、死亡率に加えて、環境衛生学の分野等で議論される「その病が人の何年分の寿命を奪うのか」という「損失余命」の観点から考えると、インフルエンザは十代未満でも亡くなりますから、平均寿命まで生きるとすると七十年もの余命を奪う。しかし今回の新型コロナで亡くなっているのは高齢の方が九割方を占めるので、損失余命という視点から見れば、インフルエンザの方が深刻なリスクだと見なされることになる。

小林▼だからこそ、高齢者対策に力を振り分けて、「死なない対策だけすればいい」というわしの提言が正しいんだよ。それでも助からなければ、それはもう寿命。

藤井▼五十歳未満の致死率は、ＰＣＲ検査で陽性になった人を分母にしたケースでも〇・一％程度。しかし政府系の専門家たちもおっしゃっているように、実際の感染者はＰＣＲ検査で陽性になった人の十倍以上はいるとのことですから、五十歳未満の実際の死亡率は〇・〇一％、一万人に一人という数字になる。こうなると、交通事故で亡くなるリスクの方が高いとも指摘されている。

小林▼それなのにみんなで閉じこもって自粛する意味って何なの。結局、ウイルスは水平方向の情報移動でしょ。遺伝は垂直方向に情報が伝わるけれど、ウイルスは平行なうえ、生物を超えて伝わるんですよね。今回はコウモリから人間に伝わったと言われていますが。

生物学者の福岡伸一は四月三日の朝日新聞でこう言っています。

〈進化の結果、高等生物が登場したあと、はじめてウイルスは現れた。高等生物の遺伝子の一部が、外部に飛び出したものとして。つまり、ウイルスはもともと私たちのものだった。それが家出し、また、どこかから流れてきた家出人を宿主は優しく迎え入れているのだ。なぜそんなことをするのか。それはおそらくウイルスこそが進化を加速してくれるからだ。親から子に遺伝する情報は垂直方向にしか伝わらない。しかしウイルスのような存在があれば、情報は水平方向に、場合によっては種を超えてさえ伝達しうる〉

もともと自分たちから家出して行ったものが出戻ってきている、と。生物学的に考えても、ウイルスが人類に果たした影響ってものがあるんだよ。それを拒否すれば進化できなくなってしまう。実現不可能な無菌状態、ゼロリスクを求めていたら、行き着く先は天然《てんねん》痘《とう》が入ってきて全滅したインカ帝国ですよ。

「八割自粛」という集団自殺を終わらせろ

藤井▼確かにコロナ以前のように、数百人がライブハウスで大声を出しながら飲食したり、居酒屋で何十人もの大宴会をやって口角泡を飛ばして朝まで議論したりすれば、おそらく感染は拡大していきます。ただ、ある程度自制的に振る舞うようにすれば、それなりに経済を動かしながら感染拡大も防ぐ方法はいくらでもある。

京都大学のレジリエンス実践ユニットが提案したのは、今後は出口戦略として、「接触機会八割減から、感染機会八割減を目指そう」という目標です。目標はあくまでも感染拡大を防ぐことにあって、都市封鎖や経済封鎖ではないのですから。

小林▼政府は自粛を解除した途端にまた爆発的に感染が増えることを恐れているんでしょう。

藤井▼はい。だからこそ、なのですが、外出しても経済活動を行っても、気をつければ感染は防げるのです。手を洗い目鼻口を触らなければそれだけで感染リスクは大いに減る。

でも政府は我々は人と接触すればすぐに感染したりさせたりするような、愚かなサルだとでも思ってる(笑)。でも、今や電車に乗ればほとんどマスクしてますし、どこに行っても手指のアルコール消毒ができるような状況にある。

感染を仮に抑えるという目標を立てたとしても、ある程度配慮すれば、コロナ前とあまり変わらない程度の社会経済活動をすることができる。大規模な飲み会は避けようとか、バーでもアクリル板を挟んでいれば感染リスクが下がるとか、やりようはいくらでもある。

小林▼なるほどね。どんな形であれ自粛を解除してくれるなら何でもいいよ(笑)。もういい加減、こんな集団自殺みたいな状況には耐えられん。

藤井▼「自粛警察」という言葉が流行《はや》っていますね。営業している店舗に「店を閉めろ」と抗議したり、他県からやってきたと思《おぼ》しきナンバーの車を襲撃したりというものですが、政府による自粛要請がすでに「自粛警察」的なんです。感染拡大の抑止が目的のはずなのに、彼らは「人の往来を八割減らすこと」自体を目的化してしまい、外出した上で移さない、移らない努力をしている人の努力をまるでゴミ箱に捨て去るような言いぶりになっている。

小林▼専門家の人たちは非常に特殊な人たちですよね。データを使って「人同士の接触が八割減ればクラスター追跡が可能になる」と言ってみたり、「何もしなければ四十万人死ぬ」

と言い出してみたり。確かに専門家としては、計算上はその通りなんでしょう。でも専門家の意見を聞いて総合的に判断するのが政治家の仕事ですよ。段階的に自粛を解除する、感染爆発と経済活動への影響を秤《はかり》にかけて、どこで解除に踏み切るかを考えるのが政治家の存在意義なのに、「感染症によって奪われる可能性のある命を守る」ことだけを見て、感染症の専門家の原理主義に引きずられていたら、いつまで自粛したって終わらない。そうこうしている間に社会は大変なことになってしまう。

藤井▼死者を出してはいけない、と言うなら、経済苦で自殺する方だって救わなければならない。例えば、我々の試算では今回のコロナ不況による自殺者数の増加は、仮に一年間で完全終息するとしても、二十年間で十四万人に増えるという結果になった。経済が悪化すると失業が増えて、自殺者が増え続けるという傾向がある。終息までに二年かかると仮定すると、自殺者は二十八年間で二十七万人に達します。

小林▼じゃあ、なんね。結局、〇七年末のリーマンショック以降の「年間三万人」という自殺者数をはるかに上回っていくということだよね。

藤井▼はい。不況になれば累計で十万人規模の自殺者が出る現象は珍しいものではなく、日本では一九九七年の消費増税後に景気が悪化し、デフレ化したことで二十年間、自殺者が増加し約十四万人増えました。

小林▼ひどい話だよ。

藤井▼ホントにそうです。しかし政府、与党の中には、「体力のない会社はこれを機に倒産させればいいじゃないか」という人がかなりいますし、驚くべきことにそんなことをツイッターで呟《つぶや》く議員もいる。要するに「体力のないやつはこの機に死ね」と。これはもうほとんど「コロナに最後の一押しをされて寿命を迎える高齢者」について呟いているのと同じじゃないかと。

小林▼そっちは言えないんだろうね。

藤井▼四月末の共同通信のアンケート調査では、自粛が六月末まで続いた場合、六割の企業が「潰れる」と回答しています。五月末まででも四割の企業が持たないと答えています。

小林▼三割でも四割でも企業が倒産するとなったらもうどうしようもないよね。補償するっていうけど、店舗を構えている店に五十万円とか百万円とか一律で配ったって焼け石に水だもの。

先進国中、唯一政府が国民を「虐待」している日本

藤井▼その点で言うと、欧米は感染症については抑圧戦略を取っていると同時に、経済面ではかなりの給付を行っているので、筋は通っているんです。イギリスも抑圧戦略を取り

ロックダウンまで行いましたが、一方で飲食店に三百万円の補償をし、従業員の賃金の八割を国が補償して、解雇が広がらないよう対策しています。国債もしっかり刷って充当している。

しかも、もともとEUは財政規律をガチガチに守る傾向にありましたが、今回は三月末の時点で「財政規律を一時停止する（EU規則で定めた政府の借り入れ上限の適用を停止することを正式に承認）」とし、緊急国債を発行して自粛している労働者や企業を守る〝戦時体制〟に入っています。その点で彼らは疫学上は正しいかどうかはさておくとしても、経済政策も含めたトータルの国策としては大きな問題はないとも言える。もちろんそれを一年、二年と続けられるかどうかは分かりませんので、あくまでも現段階ではということですが。

一方で日本は国民に自粛せよと言いながらお金はほとんど配らない。これではもうほとんど親が子供を虐待しているのと同じです。

小林▼なんでそんなひどいことをするの。わけが分からんよね。「コロナを一匹残らず駆逐する」と言いながら、一方ではそんなことは不可能だと分かっていて、「そう遠くないうちに自粛は解除するんだから、補償はそこそこでいい」と思ってるんじゃないですか。

藤井▼国民の意識と乖離《かいり》した「Go To トラベル」券（旅行を誘発するためのクーポン券）を配ろうというのも、そういう思惑があるんでしょう。というか、それを配るっていうところから推察すると、官邸は六月、七月になったらウイルスは一匹残らず日本から消え去ると思っているんじゃないでしょうか。

小林▼それはないわ（笑）。不可能だもの、そんなの。百歩譲って仮に日本で制圧したって海外ではウイルスがうようよしているんだから、いくらでも入ってくるじゃない。

藤井▼そうです。私が話を聞いているウイルス研究者たちも、最後は小林先生と同じく〝常識〟で考えるんです。しかし政府は医学的には抑圧派の意見を聞きながら、経済については緊縮派の言うことを聞いているので、とにかく国民を締め上げて我慢させるという方針しか出てこない。非科学的な根拠で国民が虐待されているわけです。

小林▼雑誌が出る頃にはもう自粛が終わっているといいけれど。気温が上がって紫外線が強くなって湿度が上がったら、流行が収まる可能性もある。そうしたらもう完全に季節性インフルエンザと同じだから、いったん収まって秋から冬にかけての第二波、第三波に備えればいい。政府もそういう公算があって、またウイルスが巻き返してきたら緊急事態宣言を出せばいいや、と思っているのかもしれないけど。だったらもう早く今の自粛要請はやめてほしい。

藤井▼今のままの方針を取り続けていたら、日本だけがコロナ後に大負けしているということになりかねません。

小林▼本当におざなりだよなあ。

死生観の歪《ゆが》みが感染症対策の歪みを生み出している

藤井▼どうしてここまでコロナを恐れるのか。西部邁が言うところの、死生観が歪んだことが最大の原因ではないかと思います。「死ぬのが当たり前」という感覚をほとんどの人が忘れてしまっている。

小林▼全くそうだね。西部邁が生きていたら、今のパニック状態を叱《しか》っていただろうね。

藤井▼めちゃくちゃキレたと思います。「生き物は死亡率一〇〇パーセントなんだよ、何でマスクなんてしてるんだ」と（笑）。

小林▼惜しかったよね、生きとったらこんなに楽しい事態がやってきたのに。馬鹿だなあ、死んで。

藤井▼恥ずかしながら、いま私は京都大学都市社会工学専攻の専攻長をやっていまして、感染するわけにはいかないという立場なのでマスクをしていますが（笑）。

小林▼それはしょうがないって。わしももう自分の年齢が上がってきているし、喘息《ぜんそく》の持病もあるから、もしコロナに罹《かか》ったらすぐに死ぬだろうと思っているんですよ。その時はその時で、人工呼吸器は若い人に渡してもいいと思っているけど。死生観というなら、スウェーデンだったら老人に無理やり延命治療して、チューブにつながれた状態にすること自体が「虐待」だって言われている。無理やり生かすよりも、自然に任せてその時が来たら死ぬという思想があるから、新型コロナに対しても緩和政策を取って、集団免疫をつけようとしているんでしょう。その過程で、体力が持たずに死んでしまう高齢者がいても、自然の摂理だと。それが一番正しいわけですよ。

藤井▼僕はスウェーデンに一年留学していたことがあって、その間に子供が生まれたのであちらの医療制度にお世話になったのですが、彼らは自助・公助・共助の中でも自助を徹底して、まずは自分で健康管理しろという理念を持っています。家内が妊娠しても「二カ月は病院に来るな、自分で自分の体を守れ。そこで流産したらそれが胎児の寿命だ」ということで、患者扱いされませんでした。出産後もその日中に家に帰れと言われるくらいで。

高齢者に関しても医療施術は基本的にしない。物を食べられなくなったり、腎臓《じんぞう》が自分の血液を浄化できなくなったらそれは死も同然だと。スウェーデンもかつては日本と同じように胃瘻《いろう》も透析もやってたんですが、一九八〇年代にこれでは財政が持たないからということで胃瘻、透析をやめて、寝たきり老人をゼロにしようという方針へ切り換えたんです。だから今回も、八十歳以上、もしくは六十歳以上で基礎疾患がある場合はコロナウイルスに罹ってても人工呼吸器をつけないと言われています。

現代の「生命至上主義」があらゆる感染症対策を歪ませている

小林▼なるほどね。それでいいんだよね。全くの寝たきりで、脳死状態であっても心臓さえ動いていればいいんだという感覚をいい加減になくさなきゃ。戦争中はどんどん若い人が死んでいったけれど、それとは違うんだから。戦後、保守は戦後民主主義批判の文脈で「生命至上主義」を批判してきたけれど、現実を見てみたら恐るべき「生命至上主義」が蔓延していたよね。度外れてますよ、この状況って。

藤井▼本当にびっくりするくらいに蔓延していますね。

小林▼ここまで命が惜しいのか、という。保守は一九七七年に起きたダッカ日航機ハイジャック事件で、「一人の生命は地球より重い」と言ってハイジャック犯に人質の身代金を払った福田赳夫を批判していたけれど、自分のことになったら保守もリベラルもないもの。右も左も「死にたくない！　もっと強烈な自粛を！」って言ってるんだから。

藤井▼私の祖母は二十五年前に亡くなりましたが、晩年はいつも「いつお迎え来るのかなぁ」と言いながら朝夕仏壇の前で読経《どきょう》してましたが、そういう宗教観がかつてはありましたよね。もちろん誰しも身内には長生きしてもらいたいでしょうし、本人がそう願うことは誰にも妨げられない。しかし「もう寿命も近いから、コロナだろうが何だろうが、死ぬのは構わない。それなら残り少ない日々を、外に出て楽しく過ごしたい」という気持ちだって、何人《なんぴと》たりとも妨げることはできないはずです。そこが通じない現状には、全体主義的な生命至上主義の怖さを感じてしまいます。

小林▼全くそうだよね。基本的には、自分なりに「この世で果たすべき使命は終わったな」と思える段階で体がもたなくなってきたら、安楽死でも何でもできるようにしてほしいくらいだけど、これじゃそんな話もできそうにない。

「そんなに命が惜しいか」と書くと「じゃあ小林よしのりが真っ先にコロナに罹って死んでしまえばいい」という人もいて。それを言われたって「そうだよ、罹ったら死ぬよ」ということでしかないんだけれど、これ自体がもう自分の中の不安をわしにぶつけているだけだから。不安に駆られてどうしようもなくなって、わしに脅迫じみた言葉をぶつける。その行為自体が、自身の恐怖の表れなんですよ。

藤井▼おっしゃる通りですね。当方も、社会的な地位の問題をさておいて、あくまでもプライベートな感覚では自分自身や家族が罹っても構わないと思っていると公言したところ、そんな特攻精神はいかがなものかと批判されたんです。余りのお門違《かどちが》いに目が点になりました。そもそも自分にしてみれば、交通事故死のリスクがあるのは怖いけど、必要だから交通安全に注意しながらクルマを運転します、と言っているだけの話。それを特攻精神だからダメだと言われたら、クルマ乗ってる人は全員、その特攻精神はいかがなものかと批判されなきゃいけなくなる。というか、そんな物言いは特攻隊員に失礼です。特攻隊員は出撃したら死亡率はほぼ一〇〇パーセント、コロナは〇・一パーセント以下です。仮に死んだとしてもコロナの場合は感染症ですから自然の摂理でもあるわけで、特攻隊とは全く次元が違う。

「俺にとっては罹ることより、毎日、家の中でじっとしていることの方が命を脅かしている」

小林▼そういう反応は本当に不思議ですよ。テレビを見ていたら家庭内感染の話をしていて、家族から一人でも感染者が出たら一家離散しなければならないような言いぶりですよ。頭がおかしいとしか言いようがない。家族は運命共同体であるという前提すら無視して、個々の命を最重要視する。だから一家離散もやむなしという感覚なんですよ。

藤井▼「ただ生きるだけでいいのか」という問いかけがあっていいはずなんです。志村けんさんがコロナウイルスでお亡くなりになったのは本当に残念だとしか言いようがありませんが、志村さんの振る舞いはなかなか粋《いき》なものだったんじゃないかとも思います。そもそも客がいないと行きつけのお店が潰れてしまうから、とリスクを承知でお店に行かれたのではないかと。だから志村さんがこの行動を後悔されてたかどうかは誰にも分からない。

小林▼志村けんは自分の芸能人としての奔放な生き方が許されていること自体に、ある種の罪悪感を覚えるような感性を持っていた人でしょう。だからそういう時こそ、困っている人や女の子のためにお金を使おうと思ったわけで、その生き方、死に方は立派ですよ。そう言うとまたバッシングされるんだけど。

藤井▼作家の辻仁成がブログに「滞仏日記」を書いていて、フランス人の哲学者と話をした時のことを綴《つづ》っています。彼の友人のアドリアンという哲学者は「俺にとっては罹ることより、毎日、家の中でじっとしていることの方が命を脅かしている。そういう人間も大勢いるんだ。政府はとっととこういう封鎖をやめて、みんなに感染させるべきだ」と言って、辻氏と対立するんですが、僕はアドリアンの言うことが実によく分かるんです。

小林▼アドリアンが正しいよ。そもそもわしにとっては「自粛」というのは日常なんですよ。毎年冬はインフルエンザが流行《はや》るからなるべく外出しないようにしている。インフルに罹ると仕事ができないから。だから自粛とか引き籠《こ》もるのはわしにとっては楽なことだけれど、それは個人としてのことでしょ。今はそうじゃなくて、飲食店が潰れてしまう。だからむしろ、無理にでも出ていって食事して、愛するお店と働く人たちのために貢献しているわけ。

藤井▼自分の命以外にも大事なものがある。家族もそうだし、飲食店での楽しみや、友人との語らいにも、音楽をライブハウスに聴きに行くことも、命に匹敵する価値がある。そういう豊饒《ほうじょう》な世界に生きているはずなのに、「命さえあればロックダウンしてもいい、外に出られなくても命さえあれば」というのは恐るべきニヒリズム（虚無主義）です。

小林▼全部オンラインでいい、なんて言ってね。「このゴールデンウィークは『オンライン帰省』で」なんて安倍総理まで推奨していたけど、要するにテレビ電話じゃないか。画面の向こうにおばあちゃんがいて手を振っている。そんなことなら普段から電話してやればいいじゃない。これがどうして「帰省」扱いされるのか（笑）。そんなことを言うなら、「オンライン不倫」とか「オンライン妊娠」とかもアリなのか、って（笑）。置き換えてみればいかに狂ったことを言っているか分かるでしょう。

藤井▼もはや「人間」であり続けられるかどうかを問われているように思うんですよね。

小林▼それそれ、それだよ。

人間を「ウイルス運搬器」としか見ない徹底管理戦略

藤井▼生きるということは、すべての行為と背中合わせに「死ぬかもしれない」というリスクが存在していて、だからこそ、その刹那《せつな》、刹那が大事に思えるのに、リスクさえ排除すれば楽しみが減ってもいいというのは、もうほとんどゾンビとして生き永らえているだけです。

小林▼四月二十八日放送の「ガイアの夜明け」（テレビ東京）を見たら、中国の感染症特集をやっていたけれど、とてつもない管理社会。一人一人の位置や行動経路をアプリで管理して、常時国家に自分の居場所を伝えなければならない。感染を隠すことが物理的に許されず、感染していると見なされたら立ち入りを禁じられる場所があったりする。これはすさまじいですよ。ここまで人間性を手放せば、確かに命は守られますよ。日本人もこれを目指すんですか、と。

藤井▼テレビではそういう中国や韓国の管理型の対策を褒めそやしていて、感染症対策のための個人の権利の制限もどんどんやれという雰囲気ですよね。しかし中国の考え方は、いわば人間一人ひとりの人格を認めず、単にウイルスの乗り物としてしか見ていないという、恐るべきニヒリズムです。人間を消費者や経済活動を行うコマとだけ見る行為も愚かだと思いますが、人間が単なる「ウイルス運搬器」に成り下がるところまで来てしまっていることには、恐怖を覚えますね。

小林▼今の日本人なら、あれがいい、あれをやれと言い出しかねない。本当にひどいなあ、自由というものの価値をサッパリ分かっていない。これほどまでに堕落していたのか、と驚かされますよ。

藤井▼それでも少しだけ希望が持てるのは、さすがに「いつまでも自粛は続けられない」「出口戦略が必要だ」という言説が一部には出始めたことです。私にもテレビ番組から出口戦略について話をしてほしいというオファーが来るぐらいですから。もちろん言い方は十分気をつけて「いつまでも自粛は続けられない、だから命を大切にしながら経済も回していくための出口戦略がそのうち必ず必要になります。それを今のうちから考えましょう」という言説であれば、ＴＶでも許容される。つまり大衆の中にはそれを受け入れる気分はあるわけです。

小林▼藤井さんはやっぱり大人だよ、そうやってちゃんと言えるもんね。わしなんて「小林を出したら『年寄りは死ね』とか言い出しかねない」と思われちゃうもんね（笑）。

コロナ禍を起点に社会思想を実践的に深めるべし

小林▼最後に、一つ言っておきたいのは、今回の新型コロナウイルスの世界的蔓延は確実にグローバル化の産物であることです。

藤井▼全くその通りです。

小林▼わしはもう二十年以上前から、グローバリズムは危ないって言い続けているんですよ。「ヒト・モノ・カネが自由に行き来する社会」なんて言っていたけど、当然ウイルスも入ってくる。この危険性をどう思うのかとわしは突き付けていた。

藤井▼「goods」だけではなく「bads」も入ってくる。

小林▼それは想定内のはずだから。でもいざ入ってきたら大慌てするわけでしょう。水際作戦と言って入国を止めてみたり、マスクが足りなくなったから産業の国内回帰をしなければと言い出してみたり。そんなこと、わしがもう前から言ってたんだよ！　想定できることを考えておかないで、その時になって慌ててパニックになるなんて、本当に情けない。

藤井▼雑誌が出る頃には世の中の雰囲気も変わりつつあると思います。そうしなければ本当に日本経済が死んでしまいます。

小林▼もう少し事態が収まってきたら、「ゴー宣道場」にもぜひご登壇ください。わしが知りたいのは、「どんなインフラを発達させれば地域共同体が復活できるのか」。ぜひ藤井さんにその話を聞きたいんですよ。

藤井▼喜んで！　新幹線や高速道路から、公園や神社に至るまでのインフラを、人間の尊厳を軸に、経済と社会と歴史と文化と、それから地震や洪水や感染症のリスクをすべてトータルで考えて整えていくっていうあたりのお話をぜひできればと思います。本日はありがとうございました。

（『表現者クライテリオン』七月号に収録。対談は二〇二〇年四月二十九日に行われた）

小林よしのり先生の『新型コロナで死ぬのは寿命だ』説を考える

新型コロナウイルスについて、まず冷静に次の数字をご覧いただきたいと思います。
「イタリアでの感染死者の平均年齢八十歳に対して、イタリアの平均寿命は八十三歳。しかも、感染死者の九六％が基礎疾患を持つ方だった」

このデータから一体何が分かるでしょうか？

最初に分かるのは、コロナで亡くなる方の大半は基礎疾患を持った高齢者であり、若年層は大変に少ないのだ、ということです。しかしここで問題なのは、あらゆる死因で亡くなる方の死亡年齢である「平均寿命」と、わずか三年しか変わらない、という点です。私はこれを目にした時に真っ先に頭をよぎったのは、小林よしのり先生がおっしゃっていた次の言葉でした。

「（コロナで）死ぬのは寿命だろう」

万一、コロナで亡くなる方の平均年齢が、四十歳とか五十歳なら、これは誰も寿命だとは思わないでしょう。そんな方を目にすれば、「まだ若いのにかわいそうに……本当の彼の寿命はもっともっと長いのに」と思うに違いありません。

ところが、もともと持病（基礎疾患）を持っており、随分弱ってきたおじぃちゃんが、単なる「風邪」をひいて八十歳で亡くなったのを見た時、どう思うでしょうか。ほとんどの方が、「これが、あのおじぃちゃんの寿命だったんだな」と思うのではないでしょうか。

例えば、うちの祖母は九十代で、うちの父は七十代でそれぞれ亡くなりましたが、私たち家族は何となく、うちの父も祖母も寿命を全うしたと考えています。祖母はがんで亡くなり、父は結核から最後はアレルギー性血管紫斑症という（少々特殊な）病に罹り、コロナ感染死者と同様、人工呼吸器を装着しながら亡くなりましたので、そうした病気さえ罹らなければ、祖母についてもあと数年、父についてはあと十年、二十年も長生きすることもあり得たのだと思います。

それでも、祖母はもちろんのこと、そんな特殊な病気に罹りさえしなければ十年、二十年と長生きすることもあり得た父ですら、私たち家族はそれを「寿命」だと漠然と考えています。

だとしたら、基礎疾患のある高齢者が、「風邪」でなく「コロナ」で亡くなったとしても、同じように「寿命だったんだ」と思ったとしても何も不思議なことではないはずですが……今は、そんなふうに思う人はほとんどいないでしょう。

きっと誰もが「コロナで亡くなったんだ」と特別な認識を持ち、誰も「寿命で亡くなった」とは思わないのだと思います。

ではなぜ、そんなふうにコロナに「限って」、寿命とは思わないのでしょう。ついては以下、その点について考えてみたいと思います。

そもそも寿命とは、「天から与えられたもの」「自然の成り行きで決まるもの」というニュアンスがあります。

だから、持病のある八十歳のおじいちゃん、おばあちゃんなら、そこで「風邪」を引いて亡くなったとしても「それは自然の成り行き（＝天から与えられた）だったのかなぁ」と思い、そこで、「寿命」という言葉を普通に使うわけです。

一方で、がんや交通事故、そしてコロナで四十歳で死ぬ方を目にした時、私たちは「かわいそうに。本当の寿命はもっと長いはずだったのに」と誰もが思うでしょう。そして、その人の死を「寿命だ」と考える人はほとんどいないでしょう。

こう考えると、私たちは、「普通に自然の成り行きで起こった死」の場合、それを目にした時に「寿命だ」という言葉を使い、「普通ではない不幸なアクシデントで、不自然に生じた死」の場合、私たちは、その死は「寿命ではない」と考えるのです。

つまり、その死が「普通ではないアクシデントによる死なのかどうか？」が、寿命かどうかを分けるポイントになっているわけです。

そして、今、「新型コロナ」という、毎日毎日TVで大騒ぎしている未知のウイルスによる死は、皆にとって「普通の死」ではなく、「普通ではないアクシデントによる死」と思われているのであり、したがって皆がコロナ感染死に対して、その死者が高齢者であったとしても「寿命」だとは思っていないのです。

ですが、毎日TVで騒ごうが騒ぐまいが、新型コロナウイルスの殺傷能力には何の影響もありません。

逆に言うと、もし世界中の誰もが、新型コロナウイルスの存在を認識しておらず、世の中にごまんとある「風邪」の原因となるウイルスの一つとして特に誰にも特定されずに存在し続けているだけだとすれば、ひょっとするとこの新型コロナウイルスによる死をほとんどすべての人々が、「寿命」だととらえていたに違いありません。

繰り返しますがなぜならコロナでの死者の平均年齢は八十歳で、その大半が基礎疾患を持っているわけです。しかも、高齢者が風邪やインフルエンザで「肺炎」になって死ぬというケースは決してレアなケースではありません。何と言っても、日本では十万人前後が肺炎で亡くなっているわけですから、極めて一般的な死に方となっているわけです。

だから、コロナで亡くなるケースの大半が、「持病の持った高齢者が風邪やインフルエンザで肺炎になって亡くなった」という、これまであらゆる病院で繰り返されてきた「普通」のことである以上、特にTVで騒ぎ立ててさえいなければ、多くの人々にとってそれは「あぁ、寿命だったんだなぁ」と認識するほかに特に何もなかったに違いないのです。ちなみにここで当方は、コロナで死んでもいいじゃないか、悲しむな、と言っているわけではありません。あらゆる死は悲しいものです。

ですが、コロナによる死と、インフルエンザや風邪による死と区別する必要が、どれだけあるのだろうかを、そろそろ考えないといけないのじゃないですか、と申し上げているのです。

確かに、そのウイルスは最初「未知」なるウイルスとして登場しましたから、警戒するということも致し方なかったのかもしれません。

しかし、日本でも第一波が襲来し、二カ月間も緊急事態宣言まで出して、国中で大騒ぎして、二万人近くもの症例があり、年齢階層別の死亡率も重症化率も分かってきた状況にあるのです。それはもはや、「未知」なるウイルスとは言い難い存在になってきているのです。

もちろん、まだ「完全」に分かっているとまでは言えないでしょう。でも、「未知」というには分かり過ぎるほどの情報が集まっているのも事実なのです。

そして、その結果分かったのは、「コロナで亡くなる方は基礎疾患のある高齢者がほとんどで、その平均年齢は、平均寿命とほとんど変わらない」「そうした『感染死』の仕方において、コロナは『インフルエンザ』や『たちの悪い風邪』とそれほど大きく変わるわけではない」という事実なのであり、イタリアのデータはまさにその事実を明らかにしているわけです。

だからそろそろ私たちは、「基礎疾患のある高齢者がコロナで死ぬという、コロナ死の大半を占めている死は、風邪やインフルエンザでの死と同様、『寿命』で死ぬということなんだ」という「常識」を少しずつでも打ちたてて行くことではないかと思うのです。

しかし、ここまで何カ月もコロナについて大騒ぎしてきた国民が、そのような常識を打ち立てて行くにはそれなりの時間がかかることでしょう。

しかも、このコロナで騒ぎ立てているのは日本人だけなのではなく、世界中の人々もそうなのです。

そうである以上、少なくとも当面は、世論も知事も政府も専門家も皆、第二波だ、第三波だと大騒ぎを続け、八割自粛すべきだとか、学校を閉鎖せよだとか言い続け、その結果、経済は大打撃を受け続けることになるでしょう。

無論、「インフルエンザ」や「風邪」に関してもそういうふうに皆が騒ぎ立てているとするなら、それはそれでも「あり」な気もしますが、インフルエンザや風邪については、全く騒ぎ立てることがないのに、コロナにおいてだけ騒ぎ立てるわけです。これはもはや、集団ヒステリーと言わざるを得ない状況です。

如何《いか》にすれば、このヒステリー状況を転換させることができるのか。これは本当に難しい問題です。ただ、緊急事態宣言も解除され、自粛のせいで随分と経済が疲弊してしまったと多くの方が認識し、かつ、八割自粛もひょっとするとやり過ぎだったんじゃないか、という意見がしばしばメディア上でも流れる状況となった今が、そうしたヒステリー状況を緩和するチャンスなのではないかと思います。

無論、感染症を見くびり過ぎてはいけませんが、過剰に怯《おび》えるのはかえって国民的被害を拡大しかねないのです。なんとか世間のコロナ認識についてのバランスがとれるよう引き続き議論してまいりたいと思います。

(『編集長日記』 2020・5・30)

第6章

政策提言

国民被害を最小化する「コロナ対策」

京都大学レジリエンス実践ユニットの提案

新型コロナウイルスは放置すれば、感染の拡大による感染死を中心とした国民健康被害が広がると同時に、感染を恐れた人々ならびに政府が社会経済活動を一部ないしは大部分停止するが故に社会経済被害が拡大します。本稿では、こうした「国民健康」被害と「社会経済」被害とで構成される災いを「コロナ禍」と呼称し、このコロナ禍を可能な限り縮小する公共政策方針の概略を論ずるものです。

なお本稿の提案は、これまでに論じてきたさまざまな筆者の考察を基本として、そして、ウイルス学、環境衛生学、都市計画学、防災学、社会心理学、ロジスティクス等の専門家から構成される京都大学レジリエンス実践ユニットでの議論を踏まえ、改めて筆者が取り纏《まと》めたものです。なお、本原稿をベースにした論文は、本稿出版後、『リスク・マネジメントに基づく『新型コロナウイルス対策』の提案』（藤井聡、宮沢孝幸、高野裕久、桑原篤憲、清野純史、矢守克也、柴山桂太、大西正光、山田忠史、川端祐一郎、中尾聡史）［実践政策学 6（1）, pp. 103〜108、2020］という形で学術論文として出版されました。

コロナ禍対策の基本方針

以下を、コロナ禍対策の基本方針とし、各種の政策を立案する。

「医療崩壊」を回避しつつ、新型コロナウイルスによる「死亡者数」「重症者数」の抑制を重視すると同時に、その対策による「自殺者増」を含めた社会的経済的被害も踏まえた上で、長期的な国民的被害の最小化を目指す。

ここに「医療崩壊」とは、医療需要がその供給量を大幅に超過し、感染者の医療が十分できなくなり、一気に重症者、死者が拡大する現象をいう。すなわち本提案は、この**医療崩壊を回避することを第一優先事項に据えつつ**、その前提下で感染症による「死者」「重症者」の増加と、感染症対策による「自殺者」の増加等を含む社会経済被害の双方を見据えつつ、**トータルとしての社会のダメージの最小化を目指す**ものである。

感染抑制策における「自粛」がもたらす被害の構造

代表的な感染症対策として、諸外国における「ロックダウン」や現在の日本政府が採用

図1　社会経済活動の自粛・禁止レベルと国民的被害の関係のイメージ図

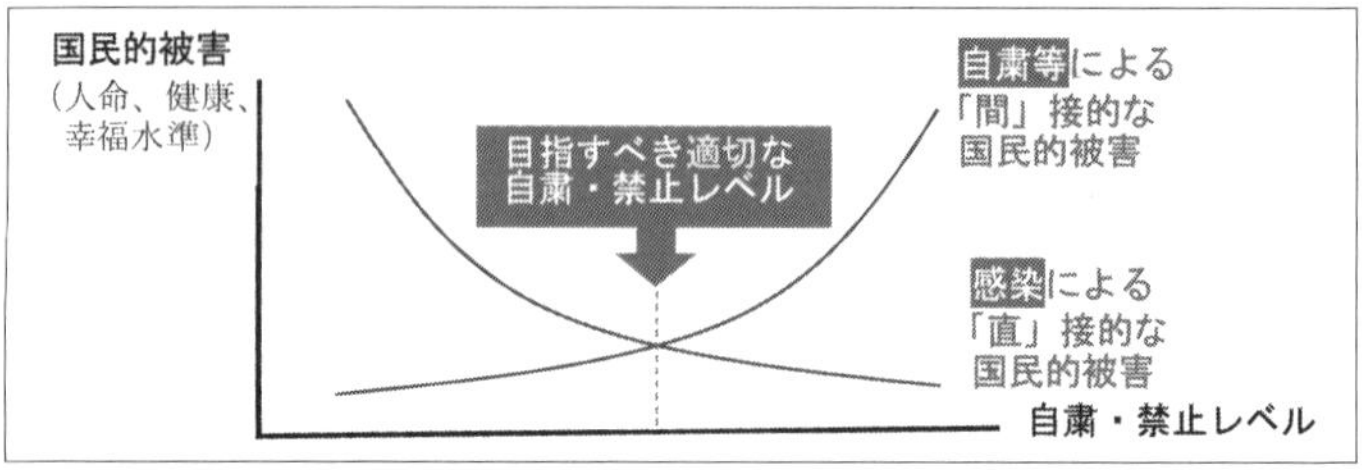

している「八割自粛要請」に象徴される国民活動の「自粛・禁止」があある。この水準に伴う「感染症拡大による被害」と「社会経済活動の低迷による被害」の間には、**図1**のようなトレードオフがある。

すなわち、自粛レベルが高いと「感染拡大による直接被害」は縮小していくが、「社会経済活動の低迷による間接被害」は拡大していく（なお、この図に示した曲線は、さまざまな条件によって異なるものの、概してこのようなトレードオフ関係が存在する）。

ただし、自粛レベルが極端に高過ぎると経済社会も医療体制も崩壊し、かえって感染被害が拡大するリスクが生ずるとともに、「抗体」を持つ国民が増加せず、（抗体については未知の点が多いものの）再流行時の感染被害がむしろ拡大する点に留意が必要である。また（新型コロナウイルスには後述する特徴故に当てはまらないが）、自粛レベルが低過ぎて死者数が甚大となると、かえって社会経済活動が大きく混乱するリスクもある。

表1　日本における感染者、死亡、重症者の年齢階層別の分布

<table>
<tr><th></th><th>感染者数</th><th>死亡数</th><th>重症数</th><th>重症者中死亡率*</th><th>死亡率</th><th>死亡率の40代以下との倍率</th></tr>
<tr><td>80歳～</td><td>1,536人</td><td>228人</td><td>30人</td><td>88%</td><td>14.8%</td><td>115倍</td></tr>
<tr><td>70代</td><td>1,496人</td><td>102人</td><td>81人</td><td>56%</td><td>6.8%</td><td>53倍</td></tr>
<tr><td>60代</td><td>1,743人</td><td>44人</td><td>89人</td><td>33%</td><td>2.5%</td><td>20倍</td></tr>
<tr><td>50代</td><td>2,555人</td><td>16人</td><td>47人</td><td>25%</td><td>0.6%</td><td>5倍</td></tr>
<tr><td>40代</td><td>2,443人</td><td>8人</td><td>28人</td><td rowspan="5">20%</td><td rowspan="5">0.1%</td><td rowspan="5">-</td></tr>
<tr><td>30代</td><td>2,267人</td><td>2人</td><td>7人</td></tr>
<tr><td>20代</td><td>2,458人</td><td>0人</td><td>4人</td></tr>
<tr><td>10代</td><td>356人</td><td>0人</td><td>1人</td></tr>
<tr><td>10歳未満</td><td>253人</td><td>0人</td><td>1人</td></tr>
<tr><td>合計</td><td>15,380人</td><td>403人</td><td>288人</td><td>58%</td><td>2.6%</td><td>-</td></tr>
</table>

＊同階層における死亡数の「死亡数＋重症数」に対する割合。
出典：東洋経済ONLINE　新型コロナウイルス 国内感染の状況（5月7日時点）

新型コロナウイルスの特徴

未知のウイルスといわれているが、少なくとも現時点までにさまざまな情報も集まっており、それらの基礎情報は、感染症対策を行う上で参照すべきものである。

特徴1：九五％以上が無症状、あるいは軽症である

表1に、日本における感染者、死亡、重症者の年齢階層別の分布を示す（五月七日時点）。この合計のところを見ると、総感染者数に対して、死亡者、重症者はそれぞれ二％程度である。つまり、このウイルスは感染しても九五％が無症状、あるいは軽症で済む。なおこの表は「ＰＣＲ検査で陽性になったもの」をベースに作成した

ものであるが、実際はこの十倍、二十倍もの感染者が潜在している可能性が想定されているることから、死亡率も重症者率もこれよりもさらに低く、無症状、軽症で済む感染者の割合が九五％よりもさらに高い可能性も考えられる。

特徴2：死亡率は若年層で〇・一％だが高齢者ではその何十倍、百倍以上になる

年齢階層別の「死亡率」に着目すると、四十代以下（五十歳未満）の致死率は〇・一％に過ぎないが、七十代ではその五十倍以上の約七％、八十歳以上になるとその百十五倍の約一五％である。

特徴3：若年層は仮に重症化しても適切な医療があれば八割方助かるが、高齢者は重症化すると死亡する確率が非常に高い

次に「重症者中死亡率」（死亡と重症の合計値に対する死亡者数の割合）に着目する。これは「重症になってしまったケースにおいて、死んでしまう確率」だが、それは若年層は二〇％だが、八十歳以上になると八八％となる。つまり、五十歳未満の若年層なら、重症化しても（適切な医療がありさえすれば）八割方命は助かるが、高齢者になると死ぬ確率が高くなり、八十歳以上ではほとんど助からない。ただし、適切な医療がなければ、重症化した場合の致死率は極めて高い。したがって、医療崩壊が起こると、若年層の死亡率は五倍に跳ね上がる。

特徴４：高齢者と同様、基礎疾患者、妊婦も「コロナ弱者」である

以上の特徴は年齢階層別の特徴だが、高齢者と同様、ウイルスに対する免疫力が概して低い糖尿病や心疾患などを持つ基礎疾患者も同様に「コロナ弱者」である。ならびに、重症化によって流産のリスクが高まる妊婦もコロナ弱者と言い得る。

特徴５：感染の大半が接触感染と考えられる。飛沫感染とエアロゾル感染もある

新型コロナウイルスの感染ケースの多くが、感染者から発出された飛沫がテーブルやドアノブ等につき、それを手等で触りその手で口や鼻の穴に触れることで感染する「接触感染」と考えられている。また、発話や咳等に伴って発出される飛沫が「直接目鼻口に到達」し感染する（直接）「飛沫感染」もあり得ると共に、ウイルスが含まれた微少な蒸気等の「エアロゾル」を吸引することで感染するエアロゾル感染もある。これは、換気のない密閉空間で長期間滞在することでそのリスクが高まると考えられている。

図2　クラスター（集団感染）の施設別分布

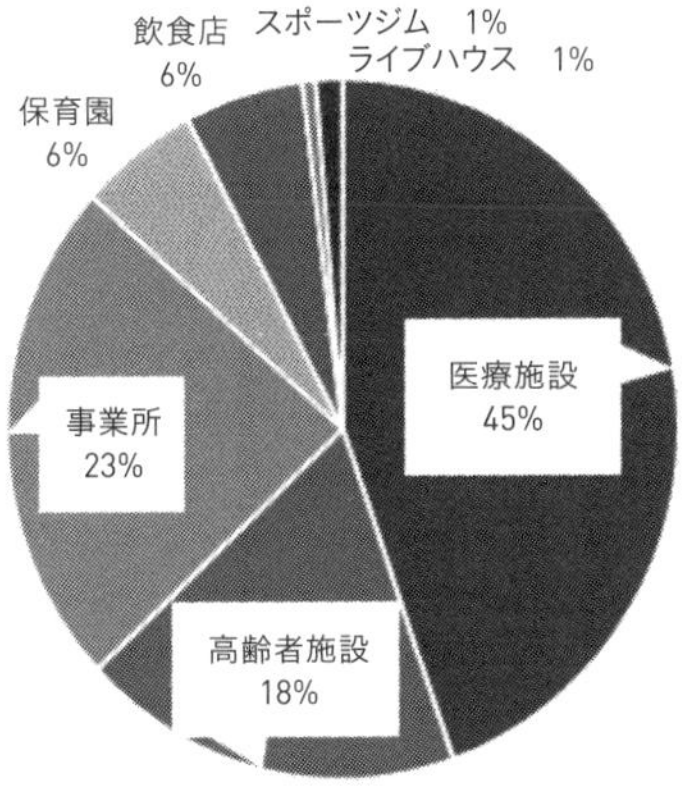

出典：ニュースアプリ
NewsDigests掲載157データ（5月7日時点）

図3　欧州と東アジアとの間には感染死者数に数十から数百倍の大幅な格差がある

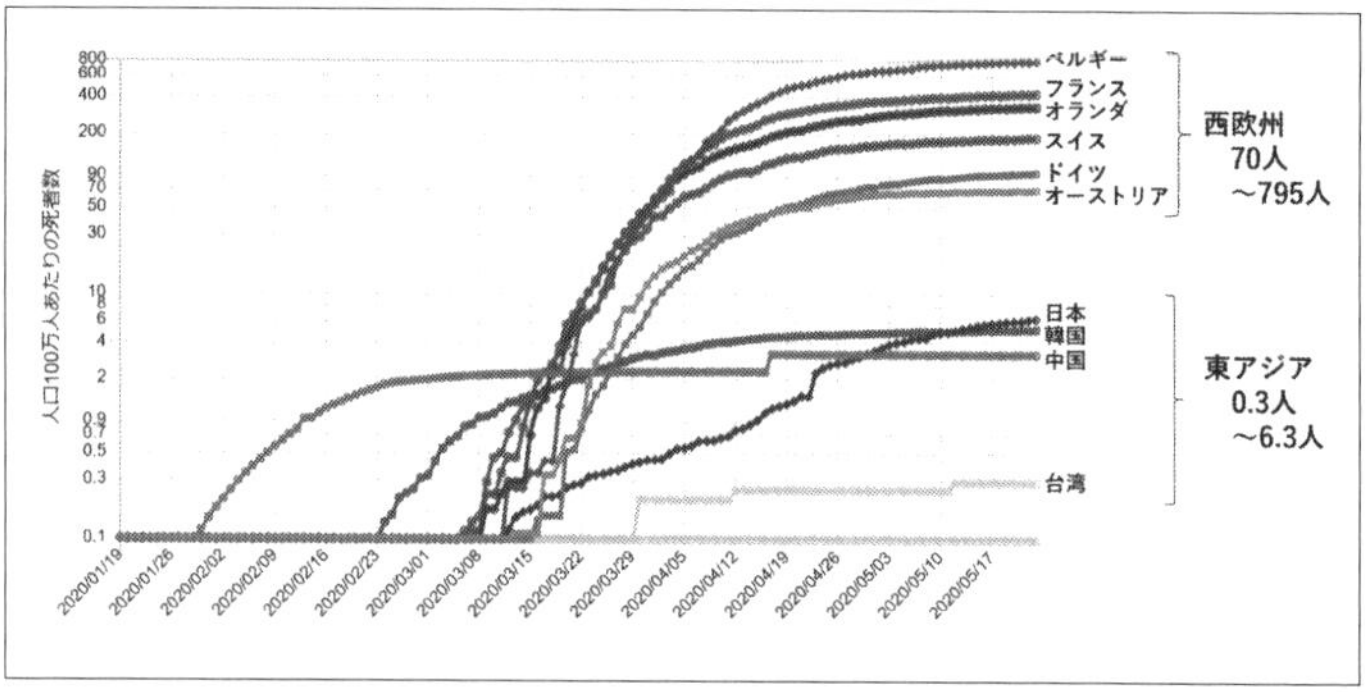

特徴6：クラスターは病院と高齢者施設で六割を占めている

図2にクラスター（集団感染）の施設別分布を示す。ご覧のように死亡・重症化リスクがとりわけ高い高齢者施設や医療施設が六割を示している。

特徴7：東アジアでは、欧米ほど急速な感染爆発は起こらないという実績がある

図3に、東アジアと西欧の死者数推移を示すが、これに示された通り、東アジアの感染死者数は、西欧諸国の数十分の一から数百分の一程度の水準である。この理由についてはさまざまな仮説が言われているが（自然免疫の水準の差異、文化的差異など）、いまだ決定的な理由は明らかではない。

感染症対策の方針

以上の基本的な特徴を加味した上で、医療崩壊を

回避する前提の下でコロナ禍の被害の最小化を図るべく、下記の五つの方針から構成される感染症対策を提案する。

方針1：医療対応能力を迅速に高める

十分な財政支出の裏付けの下、コロナ対応病床、医療スタッフ、人工呼吸器数、軽症感染者の隔離施設等を拡充する。同時に、医療ステージに応じた薬剤（フサン、ファイパン等の予防的使用やアビガン、レムデシビル等）の検証／許認可と医療施設への供給を拡充する。なお、コロナ感染症を引き受けることで病院経営が赤字になるならコロナ病床拡充等が図られないため、政府は対応病院に対して十分な手当、補助金を支給する。また、ＰＣＲ検査能力を高めると同時に検査基準を緩和し、医師・保健所の判断で迅速かつ大量に検査が受けられる体制を作り上げる。なお、現在政府が続けているクラスター対策は継続する。

方針2：「コロナ弱者」の保護の徹底

特徴2・4を踏まえコロナ弱者（高齢者、基礎疾患者、妊婦）全般に、手洗い、うがい、目鼻口の接触回避などを奨励するとともに、各種検査（抗体検査、抗原検査、ＰＣＲ検査）と各種薬剤の優先的活用を図る。また**特徴6**よりクラスターが頻繁に発生している病院、高齢者施設でのクラスター発生を抑止するため、換気を徹底し、コロナ弱者との接触者数を可能な限り減らすと同時に、接触者全員に対して検査、薬剤を優先的に使用する。

方針3：感染ルートを考慮した「効率的な感染回避行動」（半自粛）**に向けたリスクコミュニケーションの徹底**

特徴5を踏まえ、感染の大半を占めると考えられる接触感染を回避するためには「目鼻口を触らない」ことが最も効果的。エアロゾル感染を抑止するには「換気の徹底」があれば十分である。一方飲食については、「飛沫回避」が必要であり、そのために、飲食中は黙るか、会話するなら二メートル以上の距離を取るか発話時のみハンカチ等で口を覆うかのいずれかで対応することで、感染リスクを大幅に回避できる。以上まとめると、**外出時は「目鼻口を触らない」「換気を徹底」「食事中は飛沫に徹底注意**（**黙る／距離を取るか／発話時にハンカチ等で口を覆う等**）**」の三点だけに注意**することで、感染する／させるリスクを大幅に縮減できる。逆にいえば、（手洗い、マスクなどに加えて）**この三点だけ守ってさえいれば、外出はもとより、各種イベントも、宴会、パーティ等も実施可能である**。なお、こうした**「自制」**を軸とした自粛方針を、**「半自粛」**と呼称しつつ、リスクコミュニケーションを図り、広く国民の行動変容を促す。

方針4：以上の三方針を基本として、医療崩壊リスクが高まれば各種の「自粛要請」を発令

特徴3より医療崩壊が起こると若年層の死亡率が五倍に跳ね上がることを踏まえ、以上の**三方針「以上」のより強力な行動制限は、「医療崩壊」のリスクが高まった場合においてのみ発動**する。ついてはそれぞれの地域で、日々「二（あるいは三）週間後の医療需要が医療供給を超過する＝医療崩壊する」リスクを推計し、そのリスクが一定以上超過すれば、その時点で例えば以下のような形で段階的に自粛要請を発令する――**【医療崩壊リスクが一〇％を超えたケース】**＝高齢者・基礎疾患者等の、十人以上の宴会／カラオケ等の自粛要請と可能な限り他者との接触の自粛要請、**【医療崩壊リスクが三〇％を超えたケース】**＝全住民の十人以上の宴会／カラオケ等の自粛要請、**【医療崩壊リスクが五〇％を超えたケース】**＝すべての宴会／カラオケ等の自粛要請、および、可能な限り他者との接触の自粛要請、十人以上の各種イベント自粛、等。これを通して、**未然に対策を打ち、医療崩壊リスクを限りなくゼロに近づけることを目指す**。なお、この方針を採択しても**特徴7**で示したように、欧米のような感染爆発が生じない可能性が考えられるため、予測式の誤り等によって「手遅れ」となるリスクは少なくとも欧米よりも低いと期待できる（なお、こうした対策にもかかわらず医療崩壊リスクが現実化する懸念が高まった場合、木村もりよ・関沢洋一・藤井聡「高齢者と非高齢者の2トラック型の新型コロナウイルス対策について」（経済産業研究所ホームページ特別コラム）に紹介したコロナ弱者とコロナ強者で医療体制を分離する方法を採用する。詳細は、当該文献を参照されたい）。

方針5：感染症対策に伴う各事業者の粗利の損失を全額政府が補償する

以上の感染症対策を行えば、医療関係者においては追加投資等が必要となると同時に、経済停滞によってあらゆる事業体の収益が大幅に減少する。これを放置すれば数十兆円、数百兆円規模で経済が縮小し、倒産、失業が拡大し、長期的に自殺者数が十万人、二十万人という単位で拡大していく（詳細はレジリエンス実践ユニット「新型コロナウイルス感染症に伴う経済不況による『自殺者数』増加推計シミュレーション」を参照されたい）。こうした「コロナ不況」を食い止めるため、政府は徹底的に国民に支出していくことが必要である。支出方法としては、法人の倒産と解雇を完全に防ぐ「粗利の損失の補償」が得策である。また、感染症で冷え込んだ消費を喚起するために消費税凍結も必要である。

社会・経済を可能な限り傷付けず感染症対策を図り、経済対策も徹底的に進める

以上が、「コロナ禍対策の基本方針」に基づき、また今回のウイルスの七つの特徴を踏まえて検討した五つの方針である。この方針の利点は、以下の六点にまとめられる。

【利点1】現在の政府方針は、クラスター対策を基本としてウイルスの「抑え込み」を目指すものである。しかし特徴1に示したように、大半の感染者が無症状あるいは軽症であるため、感染者全員を拿捕《だほ》することは極めて困難である。一方で本方針は、クラスター対策で拿捕できない感染者が存在することを想定しつつ、そこでの感染拡大を抑止するために**方針2〜4**を推進する。これにより**感染拡大、あるいは、感染爆発のリスクを、現在の方針よりもより効果的に低減させることが可能となる。**

【利点2】現在政府が採用している「自粛要請」を中心とした感染症拡大策を採用する前に、**方針2**のクラスター感染「予防」の徹底と、**方針3**のリスクコミュニケーションの徹底を加速させ、自粛要請を最小化する。これを通して**現在の政府方針よりも効果的な感染症対策を行いつつ、経済的社会的被害をより低減させることができる。**

【利点3】現政府方針は**方針2**を採用しておらず、したがってコロナ弱者の感染が拡大し、

重症者、死亡者が容易に拡大し、医療崩壊リスクが容易に高まる事態が想定される。しかし、方針2を採用していることから、**重症者、死者の爆発的拡大を抑止でき、医療崩壊リスクを回避できる可能性が、現政府方針よりも高い**。

【利点4】方針4の自粛要請は、「医療崩壊リスクの回避」を数理的な基準としており、現在の政府の「緊急事態宣言」の基準よりもより、**医療崩壊リスクをより低く抑えることができる**。

【利点5】上記の**【利点1】【利点3】【利点4】**故に、医療崩壊リスクを回避しながら、また、(現在のスウェーデンのように)高齢者における死者の拡大を放置することなく、**いわゆる「集団免疫」を獲得していける可能性が、現政府方針よりも高い**(無論、免疫については不明な点が多い故、ここでの記述はあくまでも「可能性」である)。

【利点6】方針5を採択しているため、経済損失が生じ、倒産、失業、自殺が一気に拡大するリスクが、現政府方針よりも格段に低い。

以上が、京都大学レジリエンス実践ユニットが提案する、リスク・マネジメントに基づくコロナ禍対策の概要です。繰り返しますが本提案は、医療崩壊を避けることを絶対条件としつつ、当該ウイルスについてここまでに明らかになってきた各種特徴を踏まえながら、そのトータルの被害の最小化を目指すものです。本提案が、我が国、そして世界の適正なコロナ禍対策の改善に貢献し得ることを、心から祈念します。

（『表現者クライテリオン』二〇二〇年七月号）

［略歴］

藤井聡（ふじい・さとし）

1968年奈良県生まれ。大阪教育大学付属高等学校平野校舎、および、京都大学卒業。同大学助教授、東京工業大学教授などを経て、京都大学大学院教授。京都大学レジリエンス実践ユニット長、2012年から18年までの安倍内閣・内閣官房参与を務める。専門は公共政策論。文部科学大臣表彰など受賞多数。著書に『大衆社会の処方箋』『＜凡庸＞という悪魔』『プラグマティズムの作法』『維新・改革の正体』『強靭化の思想』『プライマリーバランス亡国論』。共著に『デモクラシーの毒』『ブラック・デモクラシー』『国土学』など多数。新共著に『対談「炎上」日本のメカニズム』。「表現者塾」出身。「表現者クライテリオン」編集長。

藤井聡・クライテリオン編集長日記
～日常風景から語る政治・経済・社会・文化論～
https://www.foomii.com/00178

表現者クライテリオンメールマガジン
https://www.mag2.com/m/0001682353

「自粛」と「緊縮」で日本は自滅する

2020年11月1日　第1刷発行

著　者　藤井 聡
発行者　唐津 隆
発行所　株式会社ビジネス社
〒162-0805　東京都新宿区矢来町114番地 神楽坂高橋ビル5F
電話　03(5227)1602　FAX　03(5227)1603
http://www.business-sha.co.jp

〈装幀〉谷元将泰
〈帯写真〉佐藤雄治
〈本文組版〉茂呂田剛（エムアンドケイ）
〈印刷・製本〉中央精版印刷株式会社
〈営業担当〉山口健志
〈編集担当〉漆原亮太、荒井南帆（啓文社）

ISBN978-4-8284-2226-8